民和文庫研究会 編

体育・スポーツ書集成

第Ⅳ回　明治期体操学校　体育・体操書

第一巻　東京体操伝習所の体育・体操書

クレス出版

『明治期体操学校 体育・体操書（全六巻）』の刊行について

民和文庫研究会代表（福島大学名誉教授）　中村　民雄

現在の学校体育は、「学習指導要領―保健体育編―」に基づいて実施されている。そこで行われている運動の内容は「体つくり運動」「器械運動」「陸上競技」「水泳」「球技」「武道」「ダンス」の七領域から成っている。

この内容は、大正二（一九一三）年にわが国で初めて公布された「学校体操教授要目」にその原型が示されている。この教授要目では、「体操」「教練」「遊戯」「撃剣及柔術」の四領域（教材群）となっていたが、戦後の学習指導要領では、「体操」が「体操（後の体つくり運動）」と「器械運動」になり、「教練」は廃止されたが、「遊戯」は個人スポーツの「陸上競技」「水泳」、集団スポーツの「球技」に分かれた。また、女子の舞踊は「ダンス」に、「撃剣及柔術」は昭和三十三（一九五八）年に「格技」として復活し、平成元（一九八九）年以降は「武道」と改称された。

ところで、明治の学校体育・体操教員養成は、明治十一（一八七八）年に体操伝習所が設立されたことにはじまり、明治十八（一八八五）年に東京師範学校の付属となり、その二年後には廃止されたことにより長い間中断の時期を迎える。それを埋め合わせたのが私立の体操学校である。明治二十年前後にわかっているだけでも十校近くあるが、ここでは東京体操伝習所と日本体育会体操練習所（のち「体操学校」と改称）の二校をとりあげ、その設立の経緯と活動の概要を紹介する。

明治三十年代になると、日本体育会体操学校は国庫補助金（明治三十二年から五年間）を請けることになり、教員養成のみならず日本を代表する体育団体となっていった。前述した「学校体操教授要目」の作成にあたっては、スウェーデン体操を中心とした要目の作成と体操教員養成を行う学校として、明治後半から大正期にかけて学校体育をリードしていった。なお、戦前の体育専門学校とその概要を知る手がかりとして、『日本体育会体操学校一覧』と唯一の官立体育専門学校である『東京高等体育学校一覧（のち「東京体育専門学校」と改称）』を収録したので参照願いたい。さて、国庫補助金を受けた日本体育会は、それを活用して事業の拡大をはかり、欧米の体育理論や体育事情を紹介し、外国人を招いての講演会を開催し、それらを講演集にまとめ刊行した。また、内国勧業博覧会にも特設運動場を設置したり、運動用具を出品したりと幅広い体育・運動競技への奨励策を展開していった。

明治四十二（一九〇九）年に国際オリンピック委員に任ぜられた嘉納治五郎は、第五回ストックホルム・オリンピック大会に日本が参加するための選手選出母体の組織化を迫られていた。その際、嘉納が描いていた選手選出母体は日本体育会であった。しかし、結局の嘉納は、明治四十四（一九一一）年に大日本体育協会を設立して別組織で行くことにするが、二〇二〇年東京オリンピック・パラリンピックの開催に際し、オリンピック選手派遣の前史にも目を向け、どんな動きがあったかを知ることは大会後のレガシー（遺産）を考える一助となるのではなかろうか。

体育・スポーツ書集成　第Ⅳ回　明治期体操学校　体育・体操書　各巻収録目次

第一巻　東京体操伝習所の体育・体操書

東京体操伝習所規則
●東京体操伝習所／一八八八年

体育学
●リーランド著述、坪井玄道・幕内鐐太郎口授、嶌貫冉次郎筆記／一八八七年／東京体操伝習所

新式　兵式教科書
●依田久太郎編／一八九二年／東京体操伝習所

第二巻　日本体育会体操学校概要と体育・体操書（1）

日本体育会賛助会員ノ規約沿革又ハ推戴名誉賛成員并ニ各賛助会員名簿
●日本体育会／一八九三年

体育ニ関スル内外諸大家ノ意見
●日本体育会／一八九七年

体育ニ関スル内外諸大家ノ意見
●日本体育会大阪支会／一八九七年／日本体育会

日本体育会体操練習所規則　等
●日本体育会／一八九九年

世界体育会綱領
●堀越平三郎編／一九〇〇年／日本体育会

体育要領
●日本体育会編（奥付・黒澤勇編）／一九〇二年／日本体育会

瑞典式体操
●川瀬元九郎／一九〇二年／大日本図書

第三巻　日本体育会体操学校の体育・体操書（2）

内外名家　体育論集
●黒澤　勇編／一九〇二年／日本体育会

衛生美容術
●川瀬元九郎・川瀬富美子共編／一九〇二年／大日本図書

第四巻　日本体育会体操学校の体育・体操書（3）

日本之体育
●日本体育会編／一九〇三年／育英舎

躰育研究資料
●手島儀太郎編／一九〇三年／昌榮社

二十世紀体育術
●川瀬元九郎／一九〇六年／内田老鶴圃

第五巻　日本体育会体操学校の体育・体操書（4）

体育原理　全
●高島平三郎／一九〇四年／育英舎

瑞典式体操初歩
●川瀬元九郎・手島儀太郎共編／一九〇六年／大日本図書

第六巻　日本体育会体操学校の体育・体操書（5）

現代之諸名家　体育論
●日本体育会編（奥付・黒澤勇編）／一九一〇年／日本体育会

日本体育専門学校一覧
●日本体育会／一九四一年

東京高等体育学校一覧
●東京高等体育学校／一九四二年

別冊　解　題

明治期体操学校　体育・体操書（全六巻）解題
●神田俊平

東京体操伝習所規則

明治二十一年八月

東京體操傳習所規則

本郷區駒込追分町三十一番地

事務所

東京體操傳習所規則

總則

第一條　本所ハ將來師範學校及中學校小學校體操教員タランヿヲ欲スル者及體操術熱心ナルモノヲ教授スル所トス

第二條　學科ヲ分チテ普通輕體操及兵式步兵操練生理學體育學ノ四科トシ戶外遊戯及軍歌器械體操操櫓術ノ四科ハ適宜之ヲ授クルモノトス

第三條　學期ヲ分チテ四學期トシ一學期ヲ一ケ月ト定メ全科卒業ヲ四ケ月トス

第四條　年中休業日ヲ定ムルコト左ノ如シ

一日曜日

一大祭日及其他一般ノ祝日

一冬季休業（十二月廿六日ヨリ一月八日ニ至ル）
一夏季休業（七月廿一日ヨリ八月二十日ニ至ル）

入學退學

第一條　本所傳習員タラント欲スルモノハ左ノ諸項ニ合格スルヲ要ス

第一　品行方正ナルモノ

第二　年齒十六年以上三十五年以下ノモノ

第三　凡ソ高等小學校卒業以上ノモノ若クハ之ニ相當ノ學力ヲ有スルモノ

第四　種痘或ハ天然痘ヲ歷從來身體健康ナルモノ

第五　體育熱心ニシテ將來之カ敎員タルニ望アルモノ

第二條　募集ノ期ハ年中六回トシ募集生徒ノ員數及日限等ハ豫メ

廣告スベシ
但シ臨時募集スルコトアルベシ
第三條　入學ヲ望ムモノハ申込書(書式第一號)ヲ差入置クベシ
第四條　入學申込書到着ノ上ハ直チニ入學許可通知書ヲ以テ出京ノ日限及ヒ始業日限ヲ報告スヘシ
第五條　入學ヲ願フモノハ入學願書(書式第二號)ニ履歴書(書式第三號)ヲ相副ヘ差出スヘシ
第六條　入學許可セラレタルモノハ東京府下居住ノモノニシテ一家計ヲ立ツルモノヲ保証人トシ在學證書(書式第四號)ヲ差出スヘシ
但シ保證人轉住スルコトアルトキハ速ニ屆出ツヘシ
第七條　凡テ半途退學ヲ許サス

試驗規則

第一條　試驗ヲ分チテ小試驗大試驗ノ二トナス即チ小試驗ハ一學期每ニ學科ノ一部ヲ試驗シ大試驗ハ四學期ノ末ニ其全部ヲ試驗スルモノトス

第二條　大試驗評點ハ九十點以上ヲ得タルモノヲ優等トシ六十點以上ヲ及第トシ以下ヲ落第トス

第三條　小試驗ノ評點ヲ調査スルニハ各學科ノ得點數ヲ定メ學科ノ數ヲ以テ之ヲ除シ其通約點ヲ定ム

第四條　一學期內欠課二週間以上及全學期內二ケ月以上欠課ノモノ又ハ一科タリトモ敎員ニ於テ未熟ナリト見認ルトキハ試驗ヲ受クルコトヲ得ズ

第五條　試驗ハ受持敎員ノ外ニ本所敎員ノ全部若クハ若干名之ニ

參席シテ執行スルモノトス
第六條　試驗ノ評點ハ參席敎員ノ評點ヲ合計シ參席敎員ノ數ヲ以テ之ヲ除シタル通約點ヲ受持敎員ノ評點ニ加ヘ之ヲ二分シ得タルモノトス
第七條　大試驗及第ノモノニハ卒業證書ヲ授與シ優等ノモノ及ヒ卒業后一ケ月以上ノ溫習ヲ經テ技術優等ノモノニハ優等證書ヲ授與シ凡テ新聞紙上ニ廣告ス

卒業證書

縦一尺一寸

横一尺三寸

番號

卒業證書

校印

族籍

姓名

年齢

右ハ本所制定ノ教科ヲ履修シ正ニ其業ヲ卒ヘタリ即チ體操術ヲ教授スルニ堪フルヲ證スルモノ也

年月日　東京體操傳習所

優等證書

番號

優等證書

校印

族籍

姓名

年齢

右ハ本所ニ於テ各教科ヲ履脩シ此ニ其業ヲ卒ヘリ殊ニ茲ニ優等ナルヲ證明ス

年月日　東京體操傳習所

生徒心得

第一條　凡ソ生徒ハ謹愼恭敬ヲ旨トシ能ク校則ヲ遵守シ諸職員ニ奉順ナルヘシ

第二條　常ニ忠孝ノ心ヲ體シ尊王愛國ノ志ヲ保持ス可シ

第三條　禮義廉恥ヲ重シ威儀ヲ正フシ苟シクモ粗暴輕薄ノ擧動アルヘカラズ

第四條　交際ハ友愛信義ヲ厚シ苟クモ友誼ヲ失フヘカラズ

第五條　スベテ動止活潑ニ優柔卑屈ノ振舞アルヘカラズ

第六條　教場ニアリテハ萬事教官ノ指揮ニ從フベシ

第七條　本所貸與ノ書籍器械等ハ叮嚀ニ取扱ヒ決シテ毀損又ハ取亂スヘカラス

第八條　疾病等ニテ課業ヲ欠クトキハ其時々書面ヲ以テ届出スベシ

但シ二日以上欠席スルモノハ醫師ノ診斷書ヲ添フベシ

舍則

第一條　生徒脩學取締上ノ便ヲ計リ寄宿舍ヲ設ケテ本科生徒ハ悉ク入舍セシメ一切通學ヲ許サス

第二條　入舍生ハ入舍ノ日直チニ本所事務員ノ連署シタル寄留届ヲ本區長及ヒ原籍郡區長又ハ戸長役場ニ差出スヘシ

第三條　舍中取締ノ爲メ分隊長四名ヲ置キ各部生徒ノ取締ヲナサシム

但シ投票ヲ以テ之ヲ定ム

第四條　總テ生徒ヨリ差出ス諸願届ハ分隊長ノ撿印ヲ受クヘシ

第五條　室內取締ノ爲メ當直者ヲ定メ置キ散歩時間ト雖ドモ室內ニ留マリ看守セシム

第六條　舍中ハ最モ清潔ヲ要スヘキニヨリ毎ニ洒掃ヲ怠ルベカラス且ツ時々事務員ヨリ一般ノ大洒掃ヲ命スルヿアルベシ

第七條　衣服身體ヲ清潔ニシ毎ニ衛生ニ注意スベシ

第八條　晝間褥類ヲ展列スベカラズ

但シ疾病等ニ罹レルモノハ其旨豫シメ分隊長ニ届置クベシ

第九條　正課ヲ欠クモノハ授業前ニ欠席届ヲ分隊長ニ差出スベシ

分隊長ハ事務所ニ之ヲ差出スベシ

第十條　門限ハ午后十時トス

但シ休業日ノ前夜ハ午后十一時ヲ限リトス

第十一條　所門ノ出入ハ必ス門札ヲ以テスベシ

第十二條　無届ニテ外泊五日以上ニ及ブモノハ退舍ト見做スベシ

但シ食料ハ割戻サズ

第十三條　止ムヲ得ズ外泊スル片ハ其旨豫メ分隊長ニ届置キ歸舍ノ節ハ保證人ノ連署シタル證狀ヲ事務所へ差出スベシ

但シ休業日ノ前夜ハ此限ニアラズ

第十四條　舍中ニ於テ飮食歌舞勝負事ヲ爲スハ勿論音讀或ハ聲高ニテ議論シ又ハ猥リニ他室ニ入リ雜談スルコトヲ禁ス

第十五條　金錢衣服ノ貸借及ビ物品ノ賣買等ヲ禁ス

第十六條　舍中ニ於テ焚火ヲ爲スハ勿論點燈或ハ火ヲ蓄ヘタル儘外出又ハ睡眠スルコトヲ禁ス

第十七條　疊或ハ障子壁等ヲ破壞シ或ハ樂書シ或ハ庭園ノ樹木ヲ伐採シタルモノハ其損害ヲ估償セシム若シ本人ノ知レサル片ハ共者ニ關係アル室內ノモノヲシテ共擔セシム

第十八條　事務所ノ許ナク親戚朋友又ハ通學生ト雖𪜈室內ニ於テ

接見スルヲ許サス

第十九條　舍中ニ於テ體操ヲ温習シ並ニ體操器械ヲ持入ルヽ事ヲ禁ス

第二十條　食時時間ハ午前七時正午十二時午后五時トス

但シ日ノ長短ニヨリ伸縮スルコトアルベシ

第二十一條　食時々限一時間ヲ經過スルモノハ食スルコトヲ得ズ

第二十二條　凡テ舍中其他一般ノ事ニ關シテ意見アル卜キハ分隊長及事務員ニ開申スベシ

但シ數人結合シテ要求スル等ノ所爲アルヘカラズ

學資

第一條

第一項

入學束修　一金貳圓五拾錢
授業料　一金五圓廿錢（卒業迄）
第二項
月俸　一金貳圓五拾五錢（毎月）
舍費　一金貳拾五錢（仝上）
第二條　入學後學資金ハ毎月五日迄ニ前納スヘシ若シ後ルヽ者ハ保證人ヨリ納メシムルモノトス
第三條　届出ノ上欠席歴月ニ及ブモノハ毎月校費三十錢ヲ納メシム
但シ本所ノ都合ニ依リ休業歴日ニ及フモ亦同シ
第四條　凡テ既納ノ學資ハ半途退學スルモ食料ヲ除クノ外返付セス

第五條　本科生徒ヘハ本所一定ノ服帽子ヲ給與シ參考書及ヒ敎科書ヲ貸與ス

但シ半途退學スル者ハ返納セシム

第六條　月俸ノ計算ニ日割ヲ要スル𪜈ハ一日ヲ八錢五厘トス

第七條　温習生ハ第一項ノ校費及第二項ノ學資ヲ納メシム

第八條　萬止ヲ得スシテ授業料全額ヲ上納スル能ハサルモノハ或ハ之ヲ二分シ上納スルヲ得可シ

第九條　授業料及ヒ塾費ハ凡テ其月日數ノ多少ニ關セス一ケ月ヲ以テ計算ス

第十條　卒業證書ヲ受領スル𪜈ハ試驗手數料及新聞紙廣告料トシテ金壹圓ヲ上納ス可シ

罰則

第一條　生徒規則ニ違背スルモノハ之ヲ罰スヘシ
但シ生徒ヲ罰スルハ改心ヲ主トスルガ故ニ德義ニ基キ徒ラニ形跡ノミニ拘ハラザルヘシ
第二條　罰則ハ禁足放校トス
第三條　禁足ハ出門ヲ禁シ放校ハ學校ヨリ放逐スルモノトス
第四條　怠慢放肆ニメ規則ニ違背スルトキハ其輕重ヲ量リ相當ノ禁足ヲ命ス
第五條　數回罰セラレテ尙ホ悔悟ノ徵ナク或ハ學校ノ風敎ヲ害スルモノハ放校ニ處ス

書式

第一號

申込書（用紙半紙形）

一私儀貴所第何期募集ニ應シ入學仕度ニ付此段申込置キ候也

現在住所

年月日

姓　名印

東京體操傳習所主幹

御中

第二號

入學願書（用紙美濃紙）

何府縣族籍

姓　名

一私儀今般貴所ニ入學致度ニ付何卒御許可被成下度此段

履歷書相添ヘ奉願候也

右

年月日

姓　名印

東京體操傳習所主幹

御中

第三號

履歴書（用紙美濃紙）

何府縣何區郡何町村何番地

族籍子弟戸主

姓　名

生年月日

學業

一何年何月ヨリ何年何月マテ何學校ニ入リ又ハ何某ニ就キ何學脩業

職分

一何年何月何職拜命及轉免等

右之通相違無之候也

年月日

右

姓　名印

第四號

在學證書（用紙美濃紙）

何府縣何區郡何町村何番地
族籍子弟戸主
姓　　名
年月日

右ノ者儀入學御許可相成リ候ニ付テハ拙者證人ニ相立チ本人一身上ニ關スル事件ハ一切引請可申且ツ學資金延滯候節ハ拙者ヨリ速ニ辨償可致候也

東京府何區何町何番地
族籍職業
姓　　名印

年月日

東京體操傳習所主幹

御中

副科傳習員規則

第一條　副科傳習員ハ現任學校教員及體育ニ熱心ナル者ノ爲メ服務ノ餘暇ヲ以テ體操術ヲ教授スルモノトス

第二條　副科傳習員ノ教則ハ輕體操ヲ以テ專修科トシ兵式體操及戶外遊戲等ハ適宜之ヲ授クルモノトス

第三條　副科傳習員ハ本科生ト同シク脩業期限ヲ四ケ月トス

第四條　授業時間ハ一週土曜日ヲ除キ七時半トシ通常學校時間ノ外ニ於テ之ヲ定ム

第五條　學資

一金五拾錢　入學束修

一金五拾錢　月謝

一金三拾錢　校費

右金員ハ入學ノ節直チニ之ヲ納ムヘシ

第六條　卒業試驗及第ノモノハ卒業證書ヲ授與シ併セテ新聞紙上ニ廣告ス

第七條　卒業證書ヲ受領スルトキハ試驗手數料及廣告料トシテ金五拾錢ヲ納ムヘシ

第八條　其他一般規則ハ凡テ本科生徒ニ同一タルヘシ

副科卒業證書ノ雛形

九寸

一尺一寸

第　　號

卒業證書

何縣華士族平民

姓　名

年齢

右ハ本所副科員トシテ本所定ムル所ノ體操科ヲ履修シ正ニ其業ニ堪ユルヲ證ス

年月日

東京體操傳習所

明治二十一年八月

東京體操傳習所附屬

唱歌講習所

本鄉區駒込追分町三十一番地

事務所

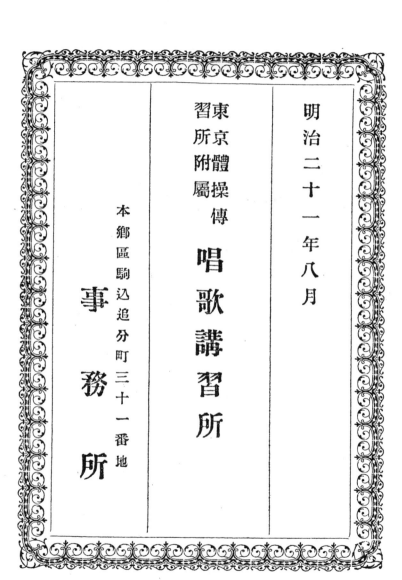

附屬東京唱歌學校規則

第一條　本校ハ音樂熱心者ニシテ充分ノ餘暇ナキモノヽタメ速成ヲ以テ初歩ヲ教授スル所トス

第二條　學科ハ唱歌風琴理論寫譜實地授業法トス

第三條　學期ヲ分チテ前期後期トシ各期修業ノ期ヲ各三ケ月トシ全科卒業ノ期ヲ六ケ月トス

第四條　本校ニ入學セントス欲スルモノハ左ノ諸項ニ合格スルヲ要ス

第一高等小學科卒業ノモノ若クハ之ニ相當スル學力ヲ有スルモノ

第二聽力及ヒ發音ノ普通ナルモノ

第五條　募集ノ期ハ毎年六回トス

但シ臨時募集スルコトアルベシ

第六條　試驗ヲ分チテ學期試驗卒業試驗ノ二トス即チ學期試驗ハ學期每ニ之ヲ行ヒ卒業試驗ハ全學期ノ終ニ之ヲ行フモノトス

第七條　試驗ノ評點ハ各科定點ヲ百トシ學期試驗ニアリテハ通約點六十以上ヲ得タルモノヲ及第トシ卒業試驗ニアリテハ學期試驗ノ通約點ヲ合算シ其度數ヲ以テ除シ平均點九十以上ヲ優等トシ六十以上ニ達スルモノヲ及第トシ以下ヲ落第トス

但シ一科ニテモ評點四十以下ノモノハ落第トス

第八條　卒業試驗及第ノモノニハ左ノ卒業證書ヲ授與ス

第九條　卒業證書ヲ受領スル件ハ試驗手數料五十錢ヲ納ム可シ

第號

卒業證書

右ハ本所ニ於テ音樂ノ初歩ヲ講習シ正ニ其業ヲ卒ヘタリ因テ茲ニ之ヲ證明ス

明治年月日

唱歌速成講習所

第九條　學資

金五拾錢　入學束修

金血拾錢　授業料

金貳拾錢　校費

右學資金ハ入學日直チニ之ヲ納メ入學後ハ毎月五日迄ニ納ムルモノトス

第十條　學資金期日ニ後ルヽ件ハ其旨保證人ニ照會シ保證人ヨリ納メシムルモノトス

第十一條　入學志願者ハ入學願書（書式第一號）ニ履歷書（書式第二號）ヲ添ヘ差出スベシ

第十二條　入學許可ヲ得タルモノハ府下居住ノモノニシテ一家計ヲ立ツルモノヲ保證人トシ在學證書（書式第三號）ヲ差出スベシ

第十三條　書式左ノ如シ

第一號

入學願書（用紙美濃紙）

何府縣族籍

姓名

右ハ今般貴校ヘ入學致度候間御許可被成下度此段履歷

書相添ヘ奉願候也

右

年月日

姓名印

東京體操傳習所附屬

東京唱歌學校御中

第二號

履歴書（用紙美濃紙）

何府縣何區郡何町村何番地

族籍誰子弟又ハ戶主

姓　名

生年月日

學業

一何年何月ヨリ何年何月マテ何學校ニ入リ又ハ某ニ就キ何學修業

職分

一何年何月何職拜命及ヒ其轉免等

右之通リ相違無之候也

年月日

右

姓　名印

第三號

在學證書（用紙美濃紙）

何府縣何區郡何町村何番地

族籍誰子弟又ハ戸主

姓　　名

生年月日

印紙

右ノ者儀入學御許可相成候ニ付テハ拙者証人ニ相立チ本人ハ一身上ニ關スル事件ハ一切引請可申且ツ學資金延滯候節ハ拙者ヨリ速ニ辨償可致候也

東京府何區何町何番地

族籍職業

年月日

姓　　名　印

東京體操傳習所附屬

東京唱歌學校御中

第十四條　其他一般ノ規則ハ本所規則ニヨルモノトス

体育学

明治十九年九月十六日　起稿

大日本旧東京體操傳習所體操科教授　坪井玄道先生口授

米國旧東京體操傳習所御雇教授醫學士リーランド先生著述

大日本東京體操傳習所講師　幕内錄太郎先生口授

大日本東京體操傳習所正科生　蔦貫冉次郎筆記

體育學

体育論

総論

抑モ体育トハ教育ノ三大綱中ノ身体ノ部即肉ノ教育ナリ而シテ智育徳育ノ二ツハ無形ノニシテ体育ハ有形ノナリ体育ヲ講究スル諸家ノ説ニ二種アリ第一種ノ説ハ心身相反對スル者ナレハ身体ノ教育ヨリ寧ロ心ノ教育ヲ先ニスヘシ身体如何強壮ナリト雖モ心ノ發達充分ナラザレバ如何トモスルコトナシト其ノ第二種ノ説ハ是レト全ク相反シ心ノ教育ヨリ身体ノ教育ヲ盛ニスヘシ心如何發達セルモ身体虚弱ナルトキハ又其ノ働キヲ逞スル能ハズト夫レ然リ第一種ノ説ハ多ク文弱ノ國ニ行ハレ第二種ノ説ハ尤モ尚武ノ國ニ行ハル然リト雖モ各國古來ノ成蹟ヲ察スルニ文武二ツナカラ用ヰズシテ各ヽ

一途ニ偏シ能ク其ノ國盛ナルモノハアラズ人ニ於テモ亦然リ
智識廣達スルモ亦然リ能ク萬巻ノ(書)ヲ繙クモ身体ガ薄
弱ナル片ハ能ク其識ヲ展ブルコト能ハズ故ニ今日ニ至リテハ
心身全一トスルノ説アリ教育家ノ間ニ行ハルヽニ至レリ夫レ
活潑有為ノ精神ハ心身萎靡セル人ノ有セザルモノニ於テノ
シヤ今此ニ説ク所ノ如キハ心身均一ノ發育ヲ期セントスルナリ
即チ体育ノ目的ヲ定ムル左ノ如シ

第一 機関系統ノ發育ヲ訓練スル事

第二 機関感應ノ發育ヲ英敏ニシテ智徳二育ノ基
礎ヲ堅スル事

第三 四肢軀体ヲ養育シ充分ニシテ外來ノ襲害
ヲ防グニ足ルノ料ヲ供スル事

今夫レ身体ノ生活ヲ見ルニ無數ノ細胞ノ新陳代謝ニ由ルナリ故ニ細胞ノ新陳代謝充分ナラザルカ或ハ一部ニ充分ナルモ他ニ充分ナラザル時ハ終ニ身体ノ發育ヲ害シ病根之レヨリ来ルヘシ人ノ初メテ生ルヽヤ完全ナル細胞ヲ受ク故ニ之ヲ障害スルヿナク新陳代謝ノ作用ヲ能クセシメハ健全ナル身体トナル是レ細胞ノ發育スル其新陳代謝ノ間ニ於テ自然ノ規則アルモノナレバ此規則ニ背戻スベカラズ体育ノ範囲ハ實ニ廣大ニシテ生理病理等ノ學科ニ関スルヿ多シ此等ノ學科ハ容易ニ學ビ得ベキモノニ非ラズ多年ノ苦ヲ積テ始メテ其ノ一端ヲ知ルニ過キズ則テ体育ノ容易ナラザルヿ知ルベシ社會健康ナラザル人ノ多キ豈ニ宜ナラズヤ

社會ニ於テ凡ソ健康ト云ヒ不健康ト云フハ皆比較ノ言ニシテ其ノ區域ヲ定ムルヿ甚タ難シ今集會セル人ヲ見ルニ豪強ナルガ如キアリ么弱ナル如キアリ千体萬種猶其ノ面ノ異ナルガ如シ然レ氏外貌斯ク異ナルガ如シレモ其實外貌ニ於テハ未タ其ノ全豹ヲ知ルニ足ラズ如何トナレバ其ノ人平生ノ習慣ニ関スルヿ大ナレバナリ「ヒーがルド氏曰ク人ノ元分健康ナル身体ハ体肉ノ諸機関ニシテ生理學ノ規則ニ照ラシ平等均一ナル作用ヲナス者ヲ云フナリ人体ハ金石等ノ如キ無機性ノ一物ヨリナルモノニアラズ身体中互ニ協同シテ以テ全体ヲ為ス人身中一部或ハ二部活潑ナルモ全体ヲ健康ニハ保ツ能ハズ「ヒーカルド氏ノ所謂平等等均一ノ働キヲナシテ後チ始メテ

健全ナル身体ヲ得ルモノナリ然ルニ前説ニ云フ如ク天然ニ良巧ノ機械ヲ所持スルモ習慣或ハ身体中一部虚弱アレバ活溌ト生育トヲ防害セズト云フヿナシ或ル習慣ト職業トハ身体ノ萎靡ヲ来スガ為メ之ヲ免レントスルニハ体育尤モ肝要ナリ

体育ノ必要ハ剋体ヲ強壮ナラシムルノミナラズ心ノ発育ヲモ亦タ能スルヿ大切ナリ然レモ人称シテ教育ト云フ教育トハ智ヲ研キ徳ヲ修ムルトヲ首称シテ体育ヲ度外視スル斯ノ如キ人ハ所謂夢一種ノ論者ナリ或ハ又心ト体トハ互ニ関係スルモノナリトロニハ之ヲ喋々スルモ実際之ヲ行ハザルモノアリ斯ノ如キ人ニ向ヒテ体育ノ必要ナルヲ説クニ心身ハ合成物ニシテ之ヲ表彰シ内扃スルヿ能ハズ尚ホ心ノ

喜怒哀樂ハ体外ニ之ヲ表彰シ肉体ノ存徴ハ又心ニ其感覺ヲ及ホシ以テ心ト身トハ密着ノ関係ヲ有スルヿヲ悟ラシムルニアリ

心身ノ関係

第一 脳髄機器ハ主トシテ心思ノ作用ニ関係ス此関係ヲ言フ為メニ古昔骨相學者ハ頭脳ヲ二三十ニ部分シ此部ハ悲哀ヲ起シ彼ノ部ハ喜怒ヲ起ス等各々其ノ部分ニ從ヒテ定ム然レモ今日ニ至リテハ此ノ説ヲ採用スル者ナシ脳ノ働ハ實ニ判然ナラス然レモ脳ノ全体ヨリ論スレハ寧ロ心ノ方ニ充分ナリトス書籍或ハ難事ノ為メニ過度精神ヲ勞スレハ其ノ疲レ脳髄ニ及ヒ若痛煩悶ノ憂ヲ起ス又燐酸アルカリー等ノ物質

平生ヨリ多ク脉中ニ混出ス是レ暗夜ニ於テ實見スレハ明ナリ凡テ人ノ脳ハ外動物ノ脳ヨリ全長ニ比較シ大ナリ同シ人間中ニテノ怜悧ノ者ハ痴鈍ノモノヨリ大ナリ故ニ脳ハ心ノ働キヲ充分ナラシムルニ於モ必要ナルヿ疑ヒナシ脳ヲ傷ケ若シクハ脳ヲ病ム片ハ氣力ヲ減シ甚シキハ狂ヲ起スルニ至ル

第二　五官トハ体外ニ在ル外物トノ媒介ヲナス感覺ヲ心ニ通ズル者ニシテ其感覺ノ明不明ハ意識ノ作用ニ関スルナリ故ニ職業上ニ関シタル巧ノ拙ハ五官ノ教育ニ因リテ差異アリ珍奇ナル古跡或ハ非常ノ物体ニ逢遇スル片ハ長ク記臆シテ忘レザル者ナリ然レ圧僅ニ見聞スル所ノモノハ忽チ忘却ス然ラハ即チ五官ノ感覺ハ職業

及ヒ教育ノ両道ヲ施サントスルニハ職トシテ此ノ教育ヲ施ス
ヿ亦肝要ナリ

第三 發音ノ機器

發音機器ハ亦心ニ關係ス人ノ音聲ヲ發スルハ只意識ノ作用ニヨリ喉頭両側ノ聲帯ニ接近シテ頗ル能ク緊張シテ強ク肺氣ヲ呼出スル時ハ眞ノ聲音ヲ生ス是レ亦發音ノ如何ニヨリテ記臆若シクハ忘却ス他人ノ言語文字ヲ記臆スルモ亦タ同シ

第四 血液ノ性質

血液ノ分量ハ心ノ有様ニ關係ス腦髄ハ心ノ働キヲ知ルニ主要ナル器機ナリ故ニ血液ノ循還モ他部ニ比スレハ一層多量ナリ或生理學者曰ク人身ノ血液ノ五六分ノ一ハ頭

脳ニ循還セリト故ニ脳髄ニ環ル血液ニシテ不良ノ空氣入ルトキハ頭痛等ノ患ヲ起ス者ナリ此ノ故ニ集會中炭酸ヲ多ク含ミシ空氣ヲ呼吸スレハ血液ノ酸化作用ヲ害シ其ノ害氣髄脳ニ達ス意識不活潑及ヒ痛苦ヲ來スヿアルコールヒ性ノ為メニ大酔スレハ其成分血液ニ滲入シ遂ニ脳髄ニ及ヒ大ニ人心ヲシテ変動ヲ生ゼシム彼ノ阿片等ノ薬剤ニ至リテハ全ク感覺ヲ失フニ至レリ

第五 心ノ感情ハ肉体ノ變化ヲ起ス

人ハ心ノ感情ニ從ヒ顔色及ヒ身体ノ挙動ニ變化アリ人ノ嗚咽シテ泣クヲ見レハ我レ其ノ悲哀ノ深キヲ想像ス或ハ笑ヒ或ハ怒ル皆然ラザルハナク心ノ感情ハ實ニ肉体上ニ顯出スルモノナリ愉快ノ感情ハ意識ヲ奮起ス不快ノ感情ハ精神

ヲ鬱結セシムル心志爽快ナル片ハ胃ノ活働充分ナラス肺運營不充分ナル片ハ消化器萎弱シ呼吸器衰息ス亦体操或ハ勞役ノ樂ムヘク悦フヘキ者ハ嘗テ身体ノ疲勞ヲ覺ヘザルナリ（モ）若シ之レト異ナリテ厭フヘキ勞動ハ体力疲レテ殊ニ困苦ニ堪ヘズ而シテ心ノ感情俄カニ起ル片ハ肉体上ニ變状ヲ及ホス亦最モ甚シ龍動ノ近傍ニ或ル姉妹アリ妹嘗テ肺病ニ罹リ僅ニシテ死セリ既ニシテ姉亦逝ケリ醫師是ヲ診断セシニ殆ント病根ノアルナシ蓋シ惟ミルニ心中悵惘ノ極遂ニ死ニ至リシナラン

亦英國ニ或ル老媼アリ常ニ好ンテ三階ノ樓上ニ住メリ歳已ニ老タレハ身体疲勞シテ又物ノ用ニハ立ツベクモアラス偶マ近傍失火アリ老媼喫驚自ラ墓ロヲ提ケ（重量十余貫目）

躍テ樓上ヨリ降ル火既ニ鎮ムルニ及ンテ再ヒ之ヲ樓上ニ携ヘ登ラントスルニ又之ヲ動カスダモ能ハザリシト云フ

第六 肉体上ノ變情ハ心ニ及ボス

凡ソ人ノ事業ヲ為ス終始同ジ者ニアラズ少年ハ記臆力強シト雖𪜈漸次老人ニ至ルニ及ビ殆ント記臆力ヲ失フ少年ハ身体ノ發育盛ナレ𪜈老人ハ衰憊ス少年ハ身体ノ發育スル時ナレバ精神上ノ働キハ身体ノ為ニ障害セラルヽヿナシ老人ハ全ク之ニ抗スルノ力ナシ一日ノ内ニテモ朝ハ精神活潑ニシテ爽快ヲ覺ユ故ニ思慮ヲ用ラレニ宜シ晩ハ之ト相反シ精神ヲ費スノ事ニ宜シカラス人ニ教育ヲ施スモ實ニ少年ノ時ニアリ其ノ少年ヲ教育スルニ當リ第一注意スヘキ者ハ學科上ノ授業時間是ナリ數

數等ノ精神ヲ勞スルモノハ必ズ午前ニ課スベシ是レ肉体上疲勞スルヿナク亦精神機能モ充分ナルカ故ナリ

凡テ肉体上ノ變情ハ必ス心ト共ニ伴フ者ナリ則テ食物ノ不足ナルカ若シクハ疾病創傷等ニ遇フトキハ連々悲哀情ヲ起シ殆ント堪ユベカラザルノ情態ヲ呈ス之レト異ニシテ身体健全ナルトキハ愉快ノ心ヲ惹起シ事々皆快ナラザルハナシ

凡ソ判斷力ヲ失フ者ハ其ノ原因必ズ肉体上ニ在リテ存ス譬ヘハ劇劍柔術家等ノ士ハ往々脳髓ヲ打擊セラレ殆ント記臆力ヲ失フテ痴騃ノ如キニ至ル者アリ

英國ニホルンラレドト云ヘル人アリ嘗テ日耳曼ニ行キ彼ノ彼鑛山ヲ巡視シ一ノ鑛穴ニ入リシガ忽チ日耳曼語ヲ解スル能ハザルニ至ル而シテ旅店ニ歸リテ後チ沐浴ヲ

終ヘ精神ヲ休息セシメシニ前ニ解スル能ハザリシ日耳曼語ヲ再ビ能ク解スルニ至ル是他アラス非常ニ身体ヲ疲労セシメシカ為巳レノ能力ハ巳ニ其ノ機轉ヲ失ヒシニ因レリ

身体ヲ健カニ保タシニハ筋肉ヲ盛ニスヘシ凡ソ人發育ノ進歩サノキ月ハ風俗及ヒ習慣等ニ因ルヲ概スルニ我レ自身ノ攝生法ニ因リ若シクハ習慣ノ為メニ束縛サレ冥々ノ中ニ發育ノ障害ヲ致ス事アリ然レモ亦自巳ノ攝生法ニアラスシテ父母祖先ノ遺傳ニ因ルアリ一家ノ習慣一國ノ風俗ハ歳月ヲ重ヌルニ從ヒ多サノ變化アルモ其形ノ跡ハ何分カ子孫ニ遺ス者ナリ其ノ結果ニ至リテハ殆ント驚クヘキニ至ル遺傳ノ定則トシテ似タル者ハ似タル者ヲ産ム其ノ定則ニ從ヒ父母健康ナル者ナレバ其ノ子孫モ

亦健康ナリ故ニ腕力家ニハ必ス力子ヲ生ズ精神活潑ナルモノニハ凡ソ痴鈍ノ子尠シトセス之ヲ要スルニ獨リ父母ノ所持セル肉体上ノ情態ノミナラズ心ノ能力モ亦子孫ニ及ホスモノナリ或ル論者アリ身体長大ナルモノニ亦長大ナル子アルハ父母ノ遺傳ニアラスシテ生活上ノ習慣及ヒ教育上ニ関スト然レ𪜈肺病梅毒癩病癲癇痛風等ノ類ハ多クハ遺傳ナリ獨リ是等ノ惡結果ノミニアラズ美術等ニ関スル事業ハ父母ノ精巧ニ因リテ其ノ子モ亦驚クヘキノ技藝ヲ顯ハスヿアリ「フリッツーキーレ」ノ言ニ小児ノ体格ト性質トヲ見テ其ノ父母ノ職業習慣及ヒ病身ニ至ルマテ能ク想察スルヿヲ得ルナリト然レ𪜈茲ニ一ノ疑アリ体ノ形質ト心ノ能力ハ父ト母トニ孰レカ尤モ多ク子ニ傳フルヤ實際之ヲ知ルヿ難シトス母

長大ニ父短小而シテ具ノ生ル、所ノモノハ身長ナルモノアリ又父長大ニシテ母短小而シテ生ル、所ノ子非常ニ長大ナルモノアリ又父痴ニシテ母敏而シテ生ル、所ノ子ハ愚ナラス敏ナラザルモノアリ「カーペントル氏之ヲ解シテ曰ク譬令ハ酸類ト鹽基類トヲ抱合スレハ青ナラズ赤ナラズ全ク異ナル所ノ二種ノ色ヲ生ズ之レト同ク父母ニ似サル所ノ變化ノ子ヲ生ムナリト

第一此ノ種々ノ遺傳ニ因リテ生ナカラニ受ケタル体質ハ各々同シカラスシテ甚タ錯雜セリ之ヲ類別スレハ顏色蒼白身体衰弱稍モスレハ感情ヲ發シ易キモノ

第二顏色赤ク身体肥大体力頗ル強剛ナルモノ

第三顏色大黄色ヲ帶ヒ身体長大ニシテ快活ノ氣象ニ乏シク稍モスレハ鬱憂ニ沈ムモノ

第四　皮膚透明ニシテ膽力ナク身体一般ニ衰弱シテ思考力ニ乏シキモノ

此ノ第ニ種ノモノハ善良ナル父母ノ遺傳ヲ受ケタルモノニシテ此等ノ父母ハ摂生法其ノ宜キヲ得タルモノト云フヘシ而シテ父母ハ子ニ純良ノ教育ヲ與ヘサルヘカラサル徳行上ノ義務アレハナリニシテ若シ第四ノ如キモノアレハ其ノ責ハ父母ニ歸セザルヲ得ス其ノ人一名譽ノ事業ヲナシ巨万ノ富ヲ有スルカ或ハ豪雄ニシテ名ヲ四方ニ轟カセシトカ其ノ人一家ノ高評全國ニ渡ラハ子孫ノ幸福果シテ如何ソヤ之レト同シク父母ノ体格純良ナレハ其ノ子孫モ亦純良ナラサルハナシ國ノ文明ハ一代ニ代ニシテ進歩スルモノニアラス幾多ノ星霜ヲ閲シテ始メテ文明ノ域ニ達スルモノナリ故ニ今ヤ生活スルモノハ昔人ノ辛苦シタル結果ヲ受

ケタルモノニシテ今ノ日ノ人民モ亦益勤勉シ後来ノ人民ニ其盛業ヲ受ケシムヘキナリ心ノ教育ハ素ヨリ忽粗ニスヘカラサルハ勿論ナレ𪜈身体ノ教育モ亦等閑スヘカラス然ルニ現今ノ實際ヲ見ルニ心ノ進歩ハ壮ナレ𪜈身体ノ教育ハ殆ト却歩傾向アリ實ニ慨歎ニ堪ヘス心ハ競争ノ益烈シケレハ身体モ亦充分ニスヘキハ素ヨリナリ果シテ然ルトキハ彼ノ徒弱ニ流ルヽノ憂アランヤ身体ヲ充分健全ニシ以テ子孫ニ遺スハ猶ホ名誉ノ事業ヲ為シテ一ノ紀念碑ヲ建テヽ之ヲ後世ニ傳フルニ其理相同ジ然レ𪜈已ニ述ヘシ如ク後世ノ子孫ヲシテ益隆盛ト強剛トニ至ラシムルハ即チ間接ニシテ体育ノ目的ハ第二ナリ自己ノ生活中身体ノ健康ヲ保ツハ第一ナリ身体ヲ健全ニ保ツヘキハ理論上ノミニアラスシテ實際其誤ナラサルヲ知ルヘシ則チ學問ノ為メニ口ヲ糊スルモノモ四肢

ヲ勞シテ生活スルモノモ皆己ノ不健康ノ為メニ殆ント業務ヲ盡ス能ハスシテ怏々トシテ金線乏モ徒ニ悲憤ヲ添フヿアルニ至ル事屢見ル所ナリ自己ノ已往ヲ顧視スルモ其ノ証例ヤ枚挙ニ遑アラサルヘシ如斯モノハ父母ノ遺傳ト己レノ習慣飲食職業ニヨリテナリ而シテ生前即チ遺傳ニ因リテ衰弱セル身体モ漸時健康法ヲ行ハヽ強テ之ヲ挽回セサルヘシ体育法ヲ施スニ當リテ専一ニ注意スヘキ者ハ身体諸能ノ資ニ供フヘキノ食物等ニ体外ヨリ襲來スル所ノ物ヲ豫防スル即チ衣服家屋等ニ身体ニ充分ナル生活作用ヲ營ナマシメンニ運動及ヒ休息此ノ三者ヲ能ク道理上ヨリ併行スルトキハ既往ノ悪習即チ遺傳ノ害等ヲ破ルヘシ然ルニ其食物衣服家屋等ハ完全ナルモ運動不充分ナルトキハ殆ント無効ニ属スヘシ而シテ運動ヲ適度ニ行フトキ

ハ食物衣服例ヘ尠ナク生理ニ背ムクモ大害ヲ受クル了尠シ試ミニ上等ノ人種ヲ見ヨ玉食安坐然モ猶悉ク健全ナラサルニアラズヤ彼ノ農家ニ至リテハ粗食粗服而シテ身体ノ勇壮ナルハ是レ運動ノ如何ニ関係スル學校ノ生徒ニ体育法ヲ施スニハ第一運動ニ注意セザルベカラス昔時羅馬人ノ卅年輩ノ教育ヲ盛ニセシ片健康ノ精神ハ健康ノ身体ニアリト岌々乎トシテ之レ勉メタリ況ンヤ十九世紀ノ今日ハ四方皆隙ヲ窺フノ強敵ナレハ体育ノ大切ナルハ片時モ忽粗ニスヘカラス以テ國家ノ鉄壁ト為シ以テ躬自ラヲ守ルノ防禦トナスヘキナリ然レ氏人ノ性トシテ一方ヲ疎ニスルモノナリ之ヲ草木ニ譬フレバ専ラ枝葉ノミニ心ヲ用ヰテ培養スル片ハ美花ヲモ開カス良菓ヲモ結バザルニ至ラン彼レニ偏セバ此ニ偏ス之レ學者一般ノ通患トスル所ナレバ其ノ

途ニ當ルモノニツナカラ完全ナル境界ニ至ルヲ勉メズハアルベカラス或ル教育家ノ説ニ身体ノ教育ハ智育徳育ノ妨害ニナラザル限リヲ以テ度トシ決シテ之ヲ踰越スベカラズト實際ノ目撃ニヨリテ譬ヘシニ學生ノ如キ身体活潑ニシテ体力充分ナルモノハ學科上ニモ進ムベキナレ𪜈中等ニ位シテ進ム能ハザルモノハ他ナシ身氣ニ偏倚スレハ昔人「プラトー」氏曰ク少年ノ教育ヲ運動ニノミニ粗暴ニシテ殆ント野獸ノ怒ルカ如クナラン然レ𪜈之ヲ心ノ教育ト共ニ適當比例ヲ以テ施スヿハ氣象ヲ剛勇ニシテ種々情欲ヲ制スルノ力ヲ起ス

第一章　食物

人身体中ニ在ル物質ハ血液榮液等ノ液体物モアリ又骨骸齒牙等ノ如キ堅固物アリ或ハ腦髓筋肉等ノ柔軟

物モアリテ外見此ノ如クニ變ゼリ是ニ随ヒテ化學上ノ成分モ亦異ナラザルヲ得ズ要スルニ其ノ働キニ至リテハ体内ニ大切ナル熱ヲ起シ或ハ諸能力ヲ發起セシム彼ノ金石等ノ死物トハ遥ニ異ニシテ種々ノ諸機能ヲ生ズル為ニ随ヒテ費耗ヲ来スモノナリ是ヲ償フモノハ則チ食物ニ異ナラズ故ニ食物ハ身体ノ費耗スル割合ニ従ヒテ是レト同シ割合ノ食物ヲ加ヘザルベカラズ故ニ食物ニシテ身体ノ費耗スル割合ト同シカラザレハ其ノ榮養ヲ取ル能ハスシテ却テ疾病ヲ来スモノナリ殊ニ小児ハ平生費耗ヲ償フニアラズシテ尚ホ發育ヲ補フニアリ凡ソ人体中元素ノ數ハ十五アリ而シテ此ノ元素ノ十五ハ混和シテ種々化合物ヲ製ス此ノ元素ヲ分タンニハ化學上ノ分折ニアラザレハ能ハズト雖𪜈唯僅ニ知リ得ヘキ者ハ解剖上ノ分折則顯微鏡ノ

力ニ由ル而シテ身体ノ榮養ヲ成スモノ夥多アリト缶氏之ヲ類別シテ四トス曰ク無機物蛋白様物脂油物抱水炭化物是ナリ

人体ノ中十五ノ元素即

金属　「ホツタシユム」「ソシユム」「カルシユム」「マグネシユム」
　　　礬素　鉄　満俺　銅

非金属　酸素　水素　窒素　炭素
　　　　硅素　燐素　硫黄　「コロール」

無機物　水ト諸鹽類ニ含ム

蛋白様物　酸素水素窒素及ヒ少許ノ硫黄ニ含ム

脂油物　酸素水素炭素ノ混合物

抱水炭化物　薯糖属　植物細胞素属　「デキストリン」及「グリコゲン」

ポツタシユム ハ血液肝膽汁乳汁中ニ含ム

ソヂユム ハ筋肉中　カルシユム ハ骨ノ主成分

マグチシユム ハ脳ト骨トニ在リ　礬素ハ体中ニ在リ

鉄ハ血球色素　満俺ハ体中ニ少許アリ

窒素ハ筋肉纖維素ニアリ　炭素ハ油脂朊蛋白質中ニアリ

硅素ハ多ク毛髪及分泌物ニアリ　燐素ハ骨中ニ尤多シ

硫黄ハ骨筋毛髪爪　コロール ハ血液、胃液、乳汁、肝、汗

唾液

第一　無機物

無機物分テ二トス曰ク諸鹽類水ハ体中ニ入リ理學的或ハ化學的ノ働ヲ成ス譬ヘハ眼目ノ常ニ瞼ヲ上下ニナスカ如キ是レ其ノ角膜ノ水ヲ潤シテ痛苦ヲ避ケ且ツ乾燥ヲ防グニ

在リ又血液中ニ水アラザレハ体中ヲ循環スル能ハスシテ一塊物トナルニ至ラン是レ理學上ノ働ナリ又化學的ヨリ見レハ其胃ノ内ハ裏面ノ如キ乾燥シテ更ニ水分アラザレハ殆ント鼻神經ノ働キヲ成ス事能ハザルベシ其他消化器ノ如キモ水アラザレハ食物ヲ消化スル化學的ノ作用ヲ行フ能ハズ身体三分ノ二ハ殆ント水ヨリ成リ故ニ食物中水ヲ絶ツ丰ハ固形ノ物ト成リ身体ノ損耗ヲ顯スベシ無機物ハ燐酸、炭酸、燐酸アルカリし、或ハ土質食鹽ヨリ來ル食鹽ノ外ハ故ラニ用ヰザルモ食物中多クノ体内ニ入ル者ノナリ此ノ鹽類ハ石灰質ト共ニ多ク身体ノ柱ニモ成ルベク實質即骨質等ノ如キ物ヲ構造ス石灰質ヲ食スルヿサナキ丰ハ骨ニ堅キ性質ヲ與フルヿ不充分ナリ即チ筋肉ノ收縮力ノ爲メニ馬背亀甲等ノ不具ニ陥ルモノ性々アリ恰モ雞子ヲ籠中ニ入レ地ニ接セシメズシテ米麥ノミヲ與ヘナハ其ノ生ム所ノ卵殼ハ彼ノ海亀ノ卵ノ薄膜柔軟ノ状ノ如シ（鉄ハ血液ニ入リ紅色ノ色素ヲナス但鉄分ノ炭酸ト化合スル片ハ血液ヲ黒色ニ變ス）（鉄ハ酸素ト化合スレハ紅色トナル）

第二蛋白様物

窒素ヲ含ムカ故ニ窒素近成物ト云フ其ノ窒素ハ主成分ニシテ炭素水素酸素硫黄等ヲ含有ス多クハ筋肉細胞神經及諸液類種々ノ膜等ニアリ此ノ肝要ナル成分ハ日常食スル所ノ物品中ニ含メリ土質中ニハ乾酪素雞卵中ニハ蛋白素米穀中ニハ食膠豆中ニハ豆素果中ニハ果實素アリ此等ノ者ハ体内ニ於テ種々ノ變化ヲ受ケ或ハ身体ノ實質ヲ組成シ或ハ諸能力ヲ奮起セシム「ランガルツ」氏曰ク筋肉ノ源ハ主トシ

テ蛋白質養分ニ由ルト今此ノ蛋白様物ヲ食物ノ中ヨリ絶ツ片ハ身体極メテ疲勞シ更ニ活力ノ働キヲ失フ是レ水ニ次キテ第二ノ養分ナリ而シテ身体ノ活力ハ蛋白質ノ分解スル量ニ關係ス然レ圧蛋白質ヲ過度ニ食フ片ハ或ハ種々焮衝病ヲ發ス

第三 脂油物

水素酸素炭素ヲ含ム動物植物ト体中ニアリ故ニ金石等ノ無機性ニ對シ有機性トス体ノ温度ハ肺臓常ニ中ヨリ呼吸ス皮膚ヨリ常ニ發汗作用ヲ致シ水蒸氣若シクハ潜熱トナリ間斷ナク体外ニ排泄ス此故ニ脂肪ハ排泄セル体温ヲ補償スルニ必要ナリ北極地方ニ住スル人ハ多クハ脂肪物ヲ食ス此レ寒暖ヲ防クガ爲ニシテ熱帯地方ノ者トハ恰モ相表裏

而シテ此ノ脂肪質ハ蛋白様物分解ヲ制限スル者ナリ人食物ヲ絶ツ片ハ疲勞スルヿ言ヲ俟タズ今肥滿ナル者ト衰痩セル者ト比較スルニ肥滿ナル者ハ疲勞スルヿ尠シ此レ脂肪夥多アルカ故ニ榮養食ヲ此レニ取リ以テ一時蛋白質ニ代ルヿヲ得レバナリ然レ圧日常食物中ニ脂肪質ノ量尠キ片ハ遂ニ勞癈病ノ源因トナル

第四 抱水炭化物

此ノ成分ノミ單ニ食フ片ハ完全ナル生活ヲ成スヿ能ハス尤モ國ニヨリテ肉類ヲ食ハスシテ植物ノミヲ用ユル者アリ然ラハ抱水炭化物モ亦人生ニ缺ク可カラサルヲ知ル蛋白質脂肪質ハ共ニ体中ニ於テ抱水炭化物ヲシテ組織ニ化セシムルノ働ヲナス炭化物体中種々ノ變化ヲ起ス或ハ脂肪質或ハ砂糖質或ハ炭酸

水トナリ以テ体外ニ排泄ス故ニ其ノ際ニ身体ノ熱ヲ起シ若シクハ之ヲ支フルノ用ヲナス抱水炭化物ト脂肪質ハ体内ニ於テ同シ働キヲナス炭化物ノミヲ食スル時ハ脂肪ノ働キヲナス能ハス脂肪ノミナレハ亦炭化物ノ働ヲナサス故ニ両質ヲ混合ハ尤モ肝要ナリトス然ラス則チ無機物蛋白質脂肪質抱水炭化物ノ四者ハ實ニ動物ノ一日モ欠クヘカラサル者ノトス然ラハ則チ獣類等或ハ嗅キ或ハ味フテ食物ヲ擇ブト同シク人モ知ラス識ラス日常食スル所ノ物品中ニハ自ラ此ノ四者ヲ供ヘサルハナシ然レ圧人ノ食物ハ甚錯雑シ已ニ常人ノ用ユル食物ハ動物植物及ヒ此ニ就キタル副食品ト水等ナリ

第五　乳汁

乳汁中人ノ用ユルモノハ人乳牛乳駱乳羊乳及ヒ牛乳

ヨリ製スル牛酪乾酪等トス乳ノ成分ハ身体ヲ養フノ比例ニ適當シ且胃中ニ入リ其ノ消化モ早シ故ニ小児ノ食物ニハ第一等トス何トナレハ生児ハ消化機未タ完全ナラス故ニ彼ノ物品ニハ充分ノ榮養ヲ取ル能ハサレハナリ然レ𪜈乳ノ性質ニヨリテハ善カラサルアリ例ヘハ乳母ノ老年ナルカ或ハ身体ノ衰弱セル者カ或ハ悪シキ病根アルモノカ若シクハ心ノ發動ニ變状アルモノハ皆乳ニ變化ヲ及ホスモノナリ亦乳ノ性質善良ナルモ長ク放置スルトキハ腐敗スルモノナリ精良乳ハ比重一、〇三二ナリ其ノ色ハ蒼白ニシテ化學上ノ反應ハ弱キアルカリー性ヲ含ム之ヲ顯微鏡ニテ見ルトキハ微細ナル油球ノ浮フヲ見ル此ノ乳若シ變化ヲ起セハ酸性或ハ中性トナリ顯微鏡上細胞血球ノ種類相混交スルヲ見ル以テ其ノ榮養ニ善カラサルヲ知ルヘシ則チ酸性ニ變シタルハ乳ノ腐敗シタル証ナリ細胞或ハ血球ニ變シタルハ母ノ疾病アルノ証ナリ是等ノ乳ハ小兒ニ眼病熱病若シクハ種々ノ悪シキ病根ヲ來タスモノナリ故ニ乳母ヲ雇ハントスルニハ能ク其ノ身体健康ト有様ニ注意スヘシ牛乳モ亦其ノ牛ノ身体及飼料等ニ注意シ決シテ妄ニ與フヘカラス坊間鬻ル所ノ牛乳ハ或ハ水ヲ加ヘ或ハ糊ヲ投シテ以テ一時ノ利ヲ貪ルモノアリ察セサルヘカラス

牛乳ノ成分

乾酪質 3—7 脂肪 3—6 乳糖 3,5—5,5 鑛性物 0,2—0,7

水 84,5—88,5

之ヲ人乳ニ比スレハ乳糖ト水ハ極メテ少ナシ故ニ牛乳ヲ小兒ニ與フル時ハ水ト砂糖ヲ加フヘシ小兒ノ生レテ巳ニ一月位ハ牛乳ノ三分一水ヲ割リテ可ナリ漸次ニ月三月ヲ經レハ水ヲ減サシ四月目ニ至ラハ

全ク水ヲ絶ツヘシ總テ牛乳或ハ乳母ノ乳ヲ與フルニハ一定ノ時「時間」ナカルヘラス小兒ハ身体ノ充分ニ發育スル時ナレハ成[illegible]人ニ比シテ多量ノ食ヲ要スルモノナリ若シ一定ノ時間或過不及アル時ハ其乳汁ノ消化ヲ得ズ為メニ胃ノ防害ヲナス大凡ソ晝間ハ二時ヲ以テ常則トシ夜間ハ其ニ倍ヲ隔ツヘシ而シテ人乳ハ温度アレ圧牛乳ハ多クハ冷ナリ故ニ適度ノ温ヲ與フヘシ又「コンデンミルク」ヲ與フルモ宜シ然レ圧腐敗シ易キモノナレハ充分栓塞ヲナシテ大空抵觸ヲ防クヘシ之ヲ與フルニハ水ヲ十倍乃至十五倍位割リテ可ナリ其ノ他諸種ノ液汁ヲ與フルモノアレ圧皆不消化ノ源因トナリ小兒ノ食物ニハ適當ナラストス生レテ已ニ一年ヲ經タル者ニハ食物ノ消化シ易キ者ヲ與ヘ漸次乳ヲ離スノ法ヲナスヘシ四歳位ヨリハ全ク食物ヲ與ヘテ可ナリ

獸肉

凡ソ人ノ食スヘキ肉類ハ牛羊豚ノ三種トス是等ハ皆夥多ノ蛋白質ト脂肪質等ヲ含ム故ニ之ヲ消化シ易カラシムルノ方法ヲ以テ食フ片ハ榮養ノ目的ヲ達スヘシ彼ノ疾病アルカ或ハ老年ナル肉ハ獨リ身体ノ榮養トナラサルノミナラス却テ消食官ノ働ヲ害ス肉ハ新鮮ニシテ少シクノ赤色ヲ帯ヒ且ツ彈力ヲ有フレテ相當ニ肥ヘタル者ヲ最良トス紫色或ハ蒼白色ニシテ手ニ觸レテ濕潤スルカ如キハ既ニ腐敗ニ傾ケルノ徴ナリ

英國人レサビー氏分拆表

	水	蛋白質	脂肪質	塩類
膌牛	七二	一九三	三六	五一
犢牛	六三	一六五	一五八	四七
肥羊	五三	一二四	三一一	三五

	水	蛋白質	脂肪質	塩類
肥牛	五一	一四八	二九八	四四
膌羊	七二	一八三	四九	四八
肥豚	三九	九八	四八九	二三

此ノ牛羊豚ノ三者ヲ比較スレバ牛肉ハ割合ニ蛋白質多シトス故ニ身体ノ榮養ヲ取ルニハ充分ナリトス虚弱ナル人若シクハ婦人等ニハ羊肉ヲ宜シトス豚ハ脂肪ノミ多ク纖質モ亦宜シトセス故ニ貴重スベキモノニアラズ古昔西諺ニ美女ハ羊肉盗人ハ牛肉暴人ハ豚肉ヲ嗜ムト之レ其ノ性質ニ付テ各々異ナル所ヲ云フナリ蓋シ羊肉ハ柔軟ニシテ其味甘美ナリ且ツ其ノ性質ノ温良ナレバナリ牛肉ハ身体ノ榮養ヲ充分ニシ且ツ其ノ性質ハ貪テ飽クヿヲ知ラザレハナリ豚肉ハ脂肪ノミ非常ニ多ク且ツ其ノ性質ハ進ンテ退クヿヲ知ラザレハナリ

玉子

雞卵ハ蛋白質ト脂肪質トニ富ム然レ𪜈澱粉ト糖粉トヲ缺

ク故ニ調理法ヲ完全ニシ以テ消化シ易カラシムルヲ必要トス

卵白	水 七八	蛋白質 二〇・四	脂肪質 〇	塩 一・六
卵黄	水 五二	蛋白質 一六	脂肪質 三〇	塩 一・三

鳥肉

鳥肉ハ獣肉ニ比スレハ味淡泊ナリ身体ノ健康ナラザル者ニハ之ヲ宜シトス但シ野鳥ハ繊維質多ク且ツ甚タ堅シ其成分ハ概シテ脂肪塩類ニ乏シトス

米国人スミス氏ノ分折表

家禽	水 七四	蛋白質 二一	脂肪 三・八	塩類 一・二

魚肉

魚肉ハ国ニヨリテ食セサル所アリ然レ𪜈海岸ニ沿ヒタル国ニテハ之ヲ以テ食料ニ充ツ癩病敗血病其他皮膚病ハ多ク魚肉ヲ食セルノ人ニアリ故ニ船夫ノ漂泊中此ノ病ニ罹ルヿ甚タ多シ然

レ圧之ニ獸肉野菜ヲ交ヘ食スレハ其害殆ントナシ成分ハ獸類ノ肉ニ比スレハ蛋白質少ク水ト塩ト却テ多シ脂肪ハ魚ニヨリテ多少ノ差アリ

	水	蛋白質	脂肪	塩類
鮭	七七	二六	五五	一四
鰻	七五	九九	二八	一三
白魚	七八	一八	三九	一〇

貝殻類

此ノ類ハ夥多アリ之ヲ大別スレハ膠状質繊維状質トス膠状質ノモノハ肉柔カナリ繊維状質ノモノハ其ノ肉甚タ剛シ凡テ貝類ハ腐敗シ易キモノナリ牡蠣ハ貝類中尤モ消化シ易シトス

植物性食品

動物性ト同シク蛋白脂肪塩類ヲ含ム然レトモ澱粉砂糖水ハ尤モ多シ植物性ヲシテ動物性ノ如ク同シ栄養ヲナサシメンニハ

動物性ヨリ尤モ多ク食ハサルヲ得ス今草食獸ト肉食獸トノ胃嚢ヲ比較スルニハ即チ草食獸ハ尤モ大ナリ其ノ排泄スルノ所ノ糞等モ亦頗ル多シ凡テ植物ハ動物ニ比フレハ榮養ノ割甚タサシ故ニ割烹法ニ注意シ半煮ノ者ヲ食フベカラス

物名	水	蛋白質	澱粉	砂糖	脂肪	塩類
米	一三	六、三	七九、一	○、四	○、七	○、五
小麥粉	一五	一○、八	六六、三	四、二	二、○	一、七
大麥粉	一五	六、三	六九、四	四、九	二、四	二、○
馬鈴薯	七五	二、一	一八、八	三、二	○、二	○、七
胡蘿蔔	八三	一、三	八、四	六、一	○、二	一、○
蕪菁	九一	一、二	五、一	二、一	○	○、六
果實						

果實ハ水及ヒ種々ノ細胞質砂糖有機酸ト抱合セル曹達石灰等ヲ含メリ其液汁ノ内ニ膠状ノ如キモノアリ而シテ其ノ膠ノ如キハ多ク身体ノ榮養ヲナス然レトモ果實ヲ食フノ主意ハ榮養ヲ求ムルニアラスシテ其ノ甘味ヲ賞スルニアリ但シ未熟ノモノハ胃中ニ於テ消化シ難ク大害ヲナスコトアリ

食物ノ分量

凡ソ分量ハ其ノ人ノ年齢住所職業氣候等ニ關係ス故ニ之ヲ一定スルコトハ甚タ難シ否實ニ能ハサルナリ然レトモ其ノ人ノ排泄ノ元素ヲ究査スル時ハ近クハ定ムルコトヲ得ヘシ今此ノ推算ト通常人ノ實驗ノ二ニヨリテ左ノ如クニ定ム

英國人モーレスコツ	含窒物	脂肪	炭水化物	塩	水
氏ノ一日ノ分量	一三〇、グラム	八四、	四〇四、	三〇、	〇

歐洲ノ男子ニシテ身丈五ヒート六インチヨリ五ヒート十一インチ位ニシテ体重百四十磅ヨリ百六十磅ナルモノハ通常ノ運動ヲナシ而シテ健康ヲ保モテルモノノ食量ハ大概右ノ分量表ニ因ル又タ「フレンハース」氏定ムル所ノ分量法ハ左ノ如

	含窒物	脂肪	炭化物	塩	水
激動ヲ為セル者	一四四グラム	八四、	三八四、	二八	〇
	一六八、	一〇八、	四三二、	三六	〇
静坐セル者	六〇、	二四、	二八八	一二、	〇
	四八、	一二、			〇

右ハ西洋人ノ食料表ニシテ一般ニ西洋人ハ蛋白質脂肪ヲ多ク食ス日本人ハ澱粉砂糖及ヒ塩類ヲ多ク食ス概子正シキ食物ハ學問上ヨリ

成リ立ツモノナリ故ニ違ハサルヿ又必要ナリ凡ソ種々ノ食物ハ概シテ身体ニ有害ナルモノ甚タ少シ然レ圧習慣食欲等ニ制セラレ為ニ病ヲ引起スヿ夥多アリ 其ノ原因第一ハ飲食スル分量ノ多キヿ第二ハ分量ノ少ナキヿ第三ハ食物ノ消化シ難キ有様ヲ有スルモノ第四ハ食物ノ性質悪シキモノ

第一過食ノ害

食物トシテ身体ノ栄養ヲナサシムルハ其ノ消化器ヲ過ル間ニ充分ナル働ヲナス其ノ栄養分ハ脈管ニ吸収セラレ不用物ハ体外ニ排泄ス然レ圧其ノ食度ニ過クルキハ消化器ヲ通クルノ際盡ク之ヲ消化シ得ルヿ能ハズ故ニ脈管ノ吸収ヲ充分ナラシメズ唯ニ体外ニ出ルノミナラズ却テ腐敗ニ傾キ体内諸器ノ働ヲ減退セシム加之常ニ少食ノ者ノ胃ノ収縮盛ナルモ過食ナ

亦膨脹ス隨テ胃ノ裏面廣大ナリ既ニ廣大ナレバ消化力亦薄弱シ不消化病大便秘結及下痢等ノ患ヲ來ス而シテ久ク腸ノ内ニ消化セサル有害ノ腐敗物ハ血管ニ吸收セラレ熱病若シクハ精神鬱積ヲ起ス是等ノ病ハ務メテ注意シテ摂生法ヲ行ハヽ或ハ恢復ノ時期來ルベシト雖𪜈若シ長ク習慣トナル片ハ遂ニ癒ル能ハス

第二 食物不足ノ害

一般ニ食物不足シテ筋肉トナルヘキモノ充分ナラサレバ身体自然ニ衰弱ス既ニ有形ノ体ヲ衰弱セシムルカ故ニ亦心思上ニモ其ノ害ヲ來スヤ必セリ且ツ心ヲ卑陋ニシ往々悪情ヲ來サシムルヿアリ是レ養成分ノ内ニテ脂肪質澱粉質鑛物質等ヲ多量ニ食シ而シテ蛋白養

多ノ力空シキトキハ筋力精神共ニ疲憊ス随テ身体ノ榮養ヲ遂クル能ハス
パークス氏曰ク脂肪澱粉ヲ充分ニ用ヒルモ蛋白質ヲ用ヰサルトキハ數日元氣ヲ失ハスト雖モ遂ニ健康ヲ維持スル能ハスト「パンモンドー」氏曰ク如此クニ數日ヲ經バ非常ニ体重ヲ減スルモノナリ而シテ澱粉ヲ食ハサルハ蛋白質ヲ用ヰサルニ比スレハ其害稍少ナス

第三　食物不消化ノ害

此ノ害ハ多ク食物ノ料理法食餌スル方法食餌時間等ニ關係ス食物ハ何故料理スルヤト謂フニ其質ヲ柔ニシ而シテ消化液ノ為メニ容易ニ溶解セシムルト一ハ口ノ味等ニ供ス然レモ實際此ノ如クナル能ハサル者ノ往々之レ有リ彼ノ塩漬ノ如キモノハ即チ其ノ一ナリ此等ハ多ク不消化病ノ

源因トナラレム而シテ料理ハ如何ナル良法ト雖モ食餌ノ規定善カラサルトキハ其ノ害甚シ即チ咀嚼スヘキモノモ急食シ或ハ飽食スル等ナリ又食餌ヲナスニ一定ノ時間アリ大概一日三度トス其間必ス五時乃至六時間ヲ隔ツヘシ又彼ノ一時ニ多食シテ亦タ顧ミサルカ如キハ特ニ胃病ノ基ヲナス輓近巡査憲兵ノ多ク胃病ヲ患フルハ是レ食餌ノ時間不定ナルト夜中ニ妄リニ食ヲ貪ルニヨリテナリ

第四　不良食物ノ害

食物ノ中ニ含ム成分ニシテ固ト良好ナルモ腐敗スルカ或ハ元来毒性アルモノカ若シクハ刺衝スル食物等ハ皆之ヲ不消化食物ト云フ腐敗ニ傾ク食物ハ多ク動物性ニアリ故ニ此ノ害ハ遠ク植物性ノ腐敗セルモノ

ニ比スレハ其ノ害多シ河豚悪シキ菌類銀杏等ハ皆元来ノ毒品ナリ刺衝性ノモノトハ即チ酒煙草茶苽等ヲ云フ其ノ中酒ハ種類ニ因リテ異ナルモ性分ハ皆アルコールトスアルコールハ体中ニ入リ一部ニ分解シテ炭酸及ヒ水トナリ餘ハ盡ク分解セスシテ直ニ体外ニ排泄ス而シテ体中ノアルコールノ作用ハ種々ノ力ヲ刺激ス故ニ少シク用ユル時ハ却テ消化力ヲ助ケテ血液ノ循環ト温度等ヲ増シ又タ脳力ヲ助クルコアリ然レ𪜈彼ノ厭フヘキノ酗トナリ或ハ愚悪ニ堪ヘサルノミナラス一時消化力ト血液ノ循環トヲ尤モ烈ク催進シ其ノ反動ノ遂ニ身体ノ活力ヲ減退セシム凡ソ酒ハ初メ一盞ノ量モ習慣ニ至ル時ハ遂ニ分量ヲ増多ス又止ムル能ハサルニ及フ但シ麦酒葡萄酒ハ其ノ性質成功共ニ善良ナリ

水

凡テ水ノ純粋ナルモノハ精密ニ注意シテ蒸餾シタル者ヲ云フ通常人ノ飲料ニ供スルモノハ多ク物質ヲ混交ス天然ノ水ニテ純粋ニ近キモノハ雨ナリ然レトモ降雨ノ際空氣中ニ飛散セル炭酸アンモニア等ヲ溶解ス殊ニ都府ノ近傍ニテハ動物植物ノ腐敗シテ一種ノ有機物トナリ以テ雨中ニ和合スルヿアリ故ニ雨水ヲ取ランニハ一ニ時間ヲ隔ツヘシ又井河地底ヲ通リ來ルモノハ種々ノ物質ヲ含メリ是レ地中ヲ環ル間ニ地質ノ物質即チ石灰マク子シヤ曹達鉄分等ヲ溶解ス是等ノモノハ大概硫酸硝酸炭酸ト抱合シ以テ硫酸塩硝酸塩炭酸塩トナル時ニ或ハ酸化鉛分ヲ含ミ來ルヿアリ（有害）然レトモ地層岩石或ハ砂中ヨリ來ル水ハ數種ノ物質ヲ含ムヿ甚タ少シトス則チ一ガルロン中ニ礦物質四十五グレーインニ有機物

一「グレイン」ニナリ如斯水ハ通常人ノ用ヰテ害ナキモノナリ悪シキ地層ヨリ來ルモノハ礦物質有機物殆ント二百「グレイン」ニ及フ水中ノ有機物ニ二種アリ全ク水中ニ溶解セル者ト混合セル者トナリ是ノ有機物ノ原因ハ植物動物ヨリ來リ多クハ水ニ着色ス然レトモ往々動物質ヨリ來リテ全ク水ニ色ヲ着ケサルコトアリ今此ヲ試驗センニハ其ノ試驗スヘキ水ヲ瓶中ニ入レ而シテ數分時間日光ニ曝ストキハ瓶中ニ厭フヘキ臭ヲ生ス是レ此ノ嗅氣ハ有機物ノ腐敗セル証ナリ亦試驗管中ニ水ヲ入レ塩化類ニ三滴ヲ投而シテ之ヲ熱シテ別ニ變化ナキトキハ有機物ナキ証ナリ然レトモ紫色或ハ黒色ニ變スルハ有機体ヲ含メルコト明カナリ大凡リ是等ノ試驗ヲナセハ有機ノ有無ヲ知ルニ充分ナリ但シ化學上ノ試驗ヲナスニハ尚ホ

緻密ナルヲ要ス

不浄水ノ有害作用

不浄水トハ水中ニ不良ノ物質アルヲ云フ鉛分ヲ含ミシ水ハ中害ノ原因トトナリ又硫酸石灰硝酸石灰ノ如キ礦分ヲ多量ニ含ムモノハ大便秘結及ヒ消化液ノ分泌ヲ妨ク或ル有害ナル水ヲ取リテ分析セシニ一ガルロン中ニ炭酸石灰十九グレインニ硫酸石灰十二グレインニ塩分十三グレインアリシト云フ其他種々ノ礦物質ト有機物ノ入ルトキハ下痢ヲ起シ猶ホ甚タシキハ傳染病等ニ犯サルヽモノナリ彼ノ熱病若シクハ内臓諸器ノ病患アルモノハ多ク不良水ニ因ル通常人ノ飲料ニ供シテ善カラサル水ハ透明無色無臭無味然シテ長ク放置スルモ沈澱スル事ナシ蓋シ水ノ性質ヲ外見上ニテ分タン

ヿハ甚タ難シ故ニ疑シキ者ハ必ス相當ノ試驗ヲ行フヘシ

水ノ清淨法

第一蒸餾法　第二煮沸法　第三濾過法

第一、蒸餾法ヲ施スニハ硝子或ハ陶器ヲ用ユヘシ彼ノ銅筩ヲ用ユルトキハ其質溶解スルノ患アリ

第二、煮沸法ヲ施ストキハ有機物ヲ毀殺シ瓦斯類ヲ蒸散セシム

第三、濾過法ハ種々アリト雖𪜈通常左ノ如キ法ヲ用ユ

或ハ骨炭ニテ宜シ有機物ヲ吸收スル時ニ日光ニ乾スベシ

塵埃ヲ執ルナリ砂モ之ニ類スル用ヲ爲スナリ

第二章運動論

人体ノ構造ハ動作ヲ目的トセサルハナシ而シテ其ノ動作ヲ起スニ必用ナル原因ト器械等ヲ與フレハ其ノ動作ヲ興スニ尤モ適當ス而シテ其ノ動作スヘキ目的ヲシテ静止セシムルカ不整ノ方法ヲ得セシムル片ハ人生ノ生活日ニ衰弱シテ又タ起ツヘカラサルニ至ル凡ソ全身運動盛ナラサレハ内部ノ運動モ亦タ盛ナラズ身体ノ健康ヲ保タンニハ運動無カル可カラス

運動ノ筋肉系統ニ及ホス効果

運動ノ爲ニ筋肉ニ及ホス効能ハ其ノ温度ヲ増進シテ筋肉力ヲ活潑強盛ナラシムルニ在リ故ニ筋肉ノ容積増大シ實質緻密トナル是運動ノ効ナリ全身ノ筋肉ハ多クノ纖維ヨリ成ルモノニシテ脉管ハ原纖維ノ束マテ通シ居ルモノナリ扨運動スレハ筋肉ノ收縮伸長ス

此故ニモ細管ヲ壓迫シテ其血管ニ入来ル栄養液ヲ滲入シ栄養液ノ循環速カナルカ故血液酸化作用強クナリテ温度ヲ増スナリ又其毛細管放開スル片ニ排泄物ヲ滲ノ出シ絶ス新物質ト旧物質ト互ニ代謝ス故ニ筋肉強クナル温度ノ増モ一時ノ運動ナレハ一時ノ温度ヲ増スノミナリ然レ氏常ニ適当ノ運動ヲナシテ止マサレハ筋肉ノ容積ヲ増大シ實質モ亦緻密ニ至ル而シテ運動セサレハ之ニ反シ温度モ減シ筋肉ノ容積モ縮小シ且柔軟トナル手足ノ病或ハ銃痕ノ如キ動カサル部分ハ衰痩シ常ニ働作スル部ハ強大トナル彼ノ鍛工ノ如キ右手ハ肥大強剛ナルモ左手ハ然ラス渾テ一部ノミ強ク他部ノ強カラサルハ宜シカラス頭上ヨリ足尾マテ即全身平等均一ニ肥大強剛ヲ致サヽル可ラズ然ル片

ハ人ノ姿勢ヲ美ナラシムルモノナリ而シテ又人ニヨリ色白クシテ肥大シ筋肉ニ手ヲ触ルレハ軟ナルハ之レ脂肪ノ多キナリ此多分ナル脂肪ハ筋肉ノ間ヲ循ルモ細管ヲ壓付シ血液ノ循環ヲ妨ク故ニ此等ノ人ハ健全ノ者ト云フベカラス如此人モ適當ノ運動ヲナシ餘分ナル脂肪ヲ排泄セハ可ナリ凡テ平常力作スル者ニ肥ヘタル人アルハ尠シドクトルフリンド氏曰ク筋肉系統ノ有様ハ全身健康ノ度ヲ示ス欺ク可ラサル確証ナリト

運動ノ血行系統ニ及ホス結果

元来筋肉ノ緊張ハ動脈及静脈ヲ通シテ血液ヲ驅送スルノ一重要力ナルカ故ニ運動ハ血液循環ヲ催進シ四肢及皮膚ノ循環ヲ活潑ニス身体ノ健全ヲ保續スルニハ實ニ日々齊整ノ筋肉運動ヲ要ス心臓

左右室ノ脈搏中等男子ノ健全ナルモノハ一分時大約七十ヨリ七十五位(小見ニ於テハ百以上ニ至レリ老人ハ六十五以下ニ減ス)然レ圧之ハ静止ノ數ナリ運動スレハ増加シ寐タルトキト起タルトキトハ其差一分時間ニ八或ハ九ナリ又運動スレハ十二十或ハ三十ヲ増多ス非常運動ヲ為スニ至テハ四十或ハ四十余ヲ増スコトアリ如此速ニ至ル所以ハ運動スレハ筋肉中ヲ循ル毛細管ノ血行ヲ速ニスル故ニ心臓ヨリ動脈ニ送ラサルヘカラズ筋肉ノ實質中ヲ循ル速ナルカ故ニ静脈ニ還ル血モ亦速ニシテ且多シ其ノ多ク速ナル血心臓ノ右耳ニ入リ又心臓ヨリ肺臓ニ急送ス故ニ恰モ胃腑中ニ食物ノ入リテ胃腑刺衝シテ食物ヲ消化スルト同シク心臓モ血ノ入ルコト多ケレハ血行速ナリ随テ血ノ循リテ實質ヲ養フコトモ多キナリ而シテ生理學

上ノ規則トシテ遅キ脈ハ強ク打チ早キ脈ハ弱シ是一般ノ規則トス
然レトモ運動ノ為メニ脈搏ノ早キニ至ルハ其脈ノ勢決シテ弱カラス却テ
其ノ力ヲ強クス（ガルトンノ規則）而シテ運動ハ脈搏ニ好結果ヲ起ス然
レトモ烈シキ運動ハ悪シ烈シキ運動ハ体ヲ疲労セシメ二十乃至四十ヲ
減スルノミナラス脈搏ノ勢力ヲ弱クス又運動烈シキカ故ニ身体疲労シ
随テ動脈血モ細管ヨリ組織ヘ吸収スル能ハス故ニ其遠キニ及リシ血液ハ
心臓ニ帰ル力ヲ起シテ其力ヲ遅ナラシム
血液ヲ循環セシムル起動力ハ心臓筋肉ノ伸縮スル力ヨリ起ルモノ故ニ此ニ
及ホス運動ノ効果モ亦他ノ筋肉即随意筋ニ及ホス効果ト同シトス
殊ニ心臓ハ他ノ筋肉ヨリ大切ナルモノナレハ運動ノ為ニ影響ヲ受クルコトモ

亦多シ中等男子ノ脈搏ハ一分時ニ七十度位トス然レトモ之レ静止間ノ度數ニシテ若シ身体ヲ運動スルトキハ大ニ其ノ度數ヲ増スナリ又脈搏ハ起「搏」臥ノ間ニ於テモ異ルモノニシテ臥間ハ起間ニ比スレハ半度位ヲ減ス又運動セサルトキハ臥間ニ比スレハ三拾度位ヲ増スナリ併シ乍ラ一曽激動ヲ為ス時ハ四十度乃至五十度ヲ増スモノナリ其故如何トユフニ運動ヲ烈シクスルトキハ筋肉中モ細管ノ血行ヲ速進増多スルヲ以テ心臓ヨリ輸出スル所モ亦随テ速進増多セサル可ラズ且此速進増多ニ由テ静脈ヨリ来テ心臓右耳ニ輸入スルモノモ速進増多シ猶胃ニ食物ノ多分入ルトキ其ノ働作ヲ起スコト煩劇ニ働作セサル可ラサルニ由ルナリ斯ノ血行速進増多スルトキハ身体中ニ榮養分ヲ多分拆スルコト亦速ニ且多クナルナリ故ニ又生理

學上ノ規定トシテ脈搏遅キ者ハ強ク早キ者ハ弱キヿ一般ナリダシトリン氏曰ハク之ヲ証セント欲セハ熱病等ニ罹ルモノハ脈搏速ニシテ且其ノ搏ナ亦弱キヲ見ルナリ而シテ運動為メニ脈搏ノ速クナリシハ却テ其ノ搏力強シ故ニ運動ハ血行上ニ欠クヘカラサルモノナレ𪜈過激ニ至リテハ亦悪シトス今非常ニ運動シテ疲労スル片ハ其脈搏四十度乃至五十度ヲ減スルヿアリ啻ニ減スルノミナラズ其搏勢モ亦弱シ是運動ナルカ為身体疲労シテ血液ヲモ細管ニ吸収スルヿヲ得サルカ為ナリ而シテ運動適宜ナル片ハ身体ノ榮養ヲ多クシ又心臓ノ實質モ亦營養セラルヽナリ此心臓ノ實質ヲ營養スルハ心臓ノ搏動シテ清潔ナル血ヲ動脈ニ出ス片心臓面ニアル冠動脈ニ循環スルニ由ルナリ其冠動脈ニ循環スルトハ素ト此脈ハ

心臓ハ即チ動脈ノ始根ニ連接スルモノナルヲ心臓伸張シテ血液ヲ動脈ニ放出シ又収縮シテ其口ヲ閉鎖スル片放出セラレタル血戻リ来テ前処ニ還ラントスルヤ辨アリテ（放出スル片ハ開クモノ）之ヲ塞クヲ以テ通スルヿヲ得ス其餘勢遂ニ此冠動脈ニ流入スルナリ

運動ノ呼吸器ニ及ホス効果

此効果ハ最肝要ナルモノニシテ已ニ前条ニ陳ヘシ如ク運動スル片ハ心臓ノ搏動増多ナルヲ以テ肺臓ニ行ク血液モ亦多ナルト雖此血ハ炭酸其他不潔ナルモノヲ多分ニ含ムモノナレハ肺臓ニ於テハ此ヲ清潔ニスル効ヲ有ス凡テ運動ハ炭酸ヲ呼出シ酸素ヲ吸収スルコト多クナルモノナリドクトル、エドワード氏ノ實驗ニ由ルニ横臥スル片 吸込ム空氣ノ量ヲ一ト定ムレハ卓ニ椅ル片ハ一、一八起立スレハ一、三三ナリ一時間ニ一マイル（我拾四丁余）ヲ歩ム片ハ一、九〇一時間ニ四マイルノ速サヲ以テ歩ム片ハ五、〇〇六マイル

斯ノ體ハ擴散スル性質アリ故ニ其ノ殘ル所ノモノハ新ニ入ル所ノ空氣ト交代スルモノナリ安靜ノ時ハ常ニ呼出スル量ハ十六乃至二十立方應位ナリ而シテ尚時々二三度位重テ速呼スルヲ宜シトス也レ肺ノ深部ニ入リタル空氣ヲ出セハナリ肺ノ氣胞ハ新鮮ノ空氣ト交代スルコト甚タ遲ク不潔ノ空氣留滯スルヲ常トス從テ血液ノ循環惡シク種々ノ肺焮衝勞瘵及肺ノ衰弱ヲ來タス然レトモ恰當ノ運動ヲ爲セハ呼吸速ニシテ空氣ヲ吸收シ及呼出スルコト充分トナル即チ肺臟ノ全部能ク活働シ頓氏ノ精神ハ恰モ我體中ニ纏絡スルカ如キニ至ラシ消化器ハ食物ノ消化ヲ充分ニシ次ニ消化セシモノヲ善ク吸收セシム而シテ運動ヲ爲スレハ已ニ前ニ論セシ如ク血液ノ循環ヲ増タス故ニ胃腸ノ分泌ヲ多量ニシテ以テ食物ノ消化ヲ補ヒ又背部及腹部ノ筋肉ヲ働シテ隨テ内部ノ不隨意筋モ活働ノ機能ヲ全フシ而シテ胃腸ノ蠕動器ハ益盛ナルニ至ル不

消化病大便秘結等ノ患ハ全ク跡ヲ斷テ胃腸ニ食物ノ滯ヲ見ス又門脉系統（腸ニ集ル静脉）ノ血行ノ疾速ニシテ能ク大静脈ニ輸出ス故ニ其ノ所ニ欝結セルヿナク消化セル食物ハ血中ニ吸收セラレ以テ静脈ノ方ニ赴ク胃腸ノ蠕動器ヲ盛ニスルハ理學的ニシテ分泌ヲ多クスルハ化學的ノ作用ナリ

皮膚系統

皮膚ハ體ノ温度ヲ維持シ體ノ陳腐物ヲ排泄スルモノニシテ運動ノ爲効果ヲ受クルコト甚多シ皮膚ハ腎臓ト排泄作用ヲ交換スルモノナリ故ニ發汗ヲ増多スル時ハ尿ヲ減シテ其色ヲ濃厚ナラシム寒時汗少ナキ時ハ尿多クシテ色淡シ腎ヨリハ尿トナリテ出テ皮膚ヨリハ汗トナリテ出ツ又腎及肺ヨリ出ル水蒸氣ヲ比較スルニ平常静止シテ居ル時ハ腎臓ヨリ出ルモノヲ一トスレハ肺ヨリ出ルモノ五ハトス

（一日間ノ平均）（ペッテンコー及ボーイニ氏試驗）水蒸氣多ク出ツレハ随テ炭酸ノ呼出モ亦多シ故ニ體中ノ老癈物ヲ充分ニ排泄シ温度ヲ能ク平均ニ保續スルヲ得然レトモ運動セサルカ或ハ沐浴セサルトキハ冒寒或ハ熱病ニ罹ルコトアリ之ヲ要スルニ皮膚ハ須ク清潔ニシ運動ハ恰モ適度ニスヘシ果シテ然ラハ皮膚ノ働ヲ完全ニシテ其感冒ヲ避ケ體温ヲ保チ血液ノ老癈分ヲ出シテ之ヲ清潔ニスヘシ然レトモ過度ノ運動ハ脂肪ヲ多量ニ分解シ出ス過度ニ汗ヲ出スハ宜シカラズ夏ノ如キ汗ノ多ク出ルトキハ可成出サル様ニシ冬ノ如キ汗ノ出テサルトキハ可成出ル様ニスヘシ

運動ノ神經系ニ及ス効果

神經系統ノ内ニテ脳髓ハ心ノ働ニナカル可ラサル主要ナルモノナリ其ノ他ノ神經ハ交通セシムルノ用ヲナス然レトモ運動ノ爲ニ受クル効果ハ直接ナラスシテ間接ニ受クルナリ神經系統モ活動ヲ爲ストキハ他ノ系統ノ要賞

ヲ費耗ス啻ニ費耗セシムルノミナラス他ノ系統ヨリモ一層多ク費耗セシム故ニ其ノ費耗ヲ補償スル時ハ神經系統ハ安靜ナリ然レトモ運動ヲシテ神經系統ノミ養フニ非ス筋肉ノ發達ヲシテ強盛トナリ血行系統機能ヲ全フシ消化系統モ亦能ク充分ノ働ヲ爲ス前ニモ言ル如ク心ノ働キト身體ノ健全トハ相密着シテ離ルヘカラス而シテ生理上規則トシテ身體弱キモノハ心ノ働キモ亦全カラス常ニ適當ノ運動ヲ爲ス者ハ永ク心ノ働ニ堪フルヲ得ルナリ或一事ヲ考フル時頭痛ヲ起シ或精神ノ疲勞ヲ覺ルハ運動セサル者ニ多シ好シヤ烈シク精神ヲ勞セシ後頭痛ヲ起スモ常ニ運動スル所ノ者ハ運動セサル者ヨリ快復シ易シ運動セサル者ハ疲勞スルコト早ク又其疲ヲ快復スルコト遅キナリ運動少キ者ハ疲レ易ク快復シ難シ獨リ之ノミナラス心ノ働ト肉體働ト平均セサルヘカラサルニ平均セサルカ故ニ神經系統ノミ過敏ニナリサ

許ノ刺激モ神經ニ感シ些少ノコトモ尚神經ヲシテ惱亂セシム彼ノ神經質ノ人ノ如ク身體衰弱スル時ハ眠ラントスルモ眠ラレス之レ身體ノ弱キ者ニ多ク健康ノ者ニハ少シ如此疾ノ起ル時ハ醫師其者ニ命シテ運動セシメ恢復セルコトアリ

運動ノ分量

運動ノ分量ハ甚難シト雖人ノ食物ノ如ク絶ス爲スヘキモノナリ然レモ過度ナル時ハ却テ害アリ又人ノ年齢強弱ニ由テ差異アリ故ニ幾何ノ運動ヲ爲セハ可ナリトハ一定スルコト能ハズパークス氏曰ク或人ノ測定ニヨルニ健康ノ人ノ爲シ與フ動作ヲハ殆ント馬ノ七分ノ一位ナリト

蒸氣ノ一馬力トハ三萬三千磅ヲ一フートヲ一分時間ニ高ク擧クル力ヲ云フ之ヨリシテ測レハ馬ノ十時間ニ爲ス動作ハ八十八百三十九碩ヲ一フートヘ高高ノ擧クルト同シ割合ナリ頓ト帝篤トノ數ヲ乘シタルモノヲ（フットン）ト云フ

馬ノ一日ニ為ス働カハフットトンニ為ストキハ八千八百九十三噸ナリ然ルニ人モ一日十時間働クモノトスレハ其馬ノ七分一丈即一千二百六十三呎噸ヲ働ク割ナリ然レ𪜈實際ハ到底能ハサルナリ

車ヲ曲轉スル等職人ノ最烈シキ運動ヲ為ス者ハ一日ニ九十磅ノ重物ヲ八應ノ高サニ擧クルヿ一萬二千度ナリ之レハ(ハクス)氏ノ實見シタル第一烈シキ運動ナリト而シテ之ヲ呎噸ニスルトキハ七百二十三ナリ此職人ノ非常ニ烈シキ運動スラ尚此ノ如キニ過キズ然ラハ則チ彼ノ馬ノ七分ノ一丈ノ働實ニナレ能ハサルナリ此職夫モ平常ハ如此運動ヲナサス即チ二十四磅ノ物ヲ十六應高サニ擧クルヿ一日ノ内ニ五千度乃至六千度ナリ即四百呎噸程ナルトス

西洋ニテハ麦粉ノ如キモノヲ負フテ行商ス其商人廿八磅ヲ負テ一日ニ二拾英里程歩行ス此等ノ業ハ甚タ難事ニシテ為シ易キニアラズ之ヲ呎噸ニ為ストキハ四百十九程ナリ是等ノ理ヨリ推シテ見ルトキハ一日ニ

五百弗頓ノ程ヲ為ス業ハ決シテ易カラズトス四百弗頓ニテモ健康ノ人ニシテ尚永續スル能ハス三百弗頓ナレハ尋常健康人ニテ為スコトヲ得ベシ

W＝體量 W＝物ノ重量 H＝挙ル高 W×H＝弗頓

α＝歩行シタル距離 $\frac{W\times\alpha}{20\times2240}$＝弗頓 ニテ二千二百四十磅ヲ一頓トス

$\frac{(\text{体重十附属物})\text{距離}}{20\times2240}$＝弗頓

$\frac{(\text{体重十附属物})\text{高}}{20\times2240}+\frac{(\text{体重十附属物})\text{距}}{20\times2240}$＝弗頓

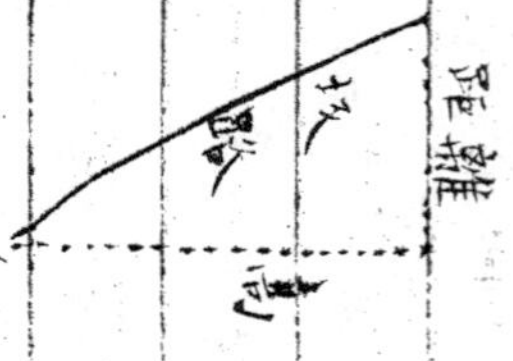

凡ソ體操等ヲ為サントスル時幾何ノ程度ニシテ可ナルヤト一定スルコト能ハス只運動ニシテ自己ノ體ニ受クル感覺ト長ク持續シタル經驗ト人ニ施シテ其人ノ有様ニ就テノ感察及其人ノ經驗トヲ見テ其適度ヲ量リ定ムルヲ良法トスル也

運動過不及ノ害

運動ノ過度及不足ハ共ニ害アリ激烈ナル運動例ハ競走或ハ舟ノ競走等非常ニ筋肉ヲ勞スルモノナレハ常ニ活潑ナル運動ヲ爲ス者ハ甚シキ害ナシト雖日常運動ヲ爲サヽル者ハ甚害アリトス運動ノ度ヲ約言シテ筋肉系統ニ因リテ見レハ劇シキ運動ヲ永續シ及假令劇シカラサル運動ニテモ一時ニ長ク行フ時ハ老癈シタル物質ト新物質ト交換スル働ヲ弱クス譬ハ過度ノ路ヲ旅行スル時ハ殆ト疲勞ノ極点ニ達シ一歩モ進ム能ハス且ツ肩ノ重ヲ覺フ此時揉療ヲ行フ時ハ其ノ疲レ次第ニ快復シテ心思ヲ快ナラシム是レ筋肉ノ老癈分ヲ其部分ヨリ排泄スレハナリ而シテ血行器ノ如キモ競走等ヲ爲ス時ハ心悸亢盛シ右心ヘ流入スル所ノ血増多シ横膈膜ノ伸縮不規則ニシテ非常ニ早ク尚劇シキ時ハ静脉右心ノ三尖瓣ニ入ルコト多ク遂ニ肺臓ニ入リテ心臓ノ瓣膜及心臓ノ實質ヲ破ルコトアリ健康人ノ心臓ハ如此事ナシト雖虚弱ナル者ハ

筋肉ノ組織少シク之レニ代ルニ脂肪ノミ多ク附着ス故ニ辦膜實質共ニ甚脆シ而シテ又運動不足ナル時ハ之ニ反シ血行減弱ニシテ心臓ノ實質ヲ養フコトモ亦弱シ但シ肺ノ病氣アルモノハ運動爲メ呼吸器ニ害アリ故ニ少シク歩行スルヿヲモ禁ス況ンヤ劇シキ運動ヲヤ且空氣不潔ノ靜脉ヲ動脈ニ化スルコトヲ得ス

消化系統

劇シク運動スル時ハ却テ消化ヲ害ス少キモ亦害アリ劇シク運動シテ消化ヲ害スル所以ハ勢力ヲ筋肉ノ方ニノミ多ク費ス故ニ胃ノ腑ノ方ハ僅ニ費スノミナレハナリ

神經系

此ハ運動ヲ爲スカ故ニ神經系ヲ別ニ害セサレモ運動度ニ過クル時ハ心ノ働弱クナルナリ神經ノ方ニ心ノ働ト云フ時ハ之ヲ神經系ノ働ト云フ

ヘカラス然レトモ神經系ノ働キニ近キカ故ニ斯ク云フノミ劇シキ運動ヲナシテ身體疲ルヽ時ハ記憶力ト判斷力トヲ失フコト之レ實際ナリ運動不足ナル時ハ體ノ全身衰弱ス故ニ之レニ從テ神經ノ働モ亦衰フルナリ運動ハ心ノ働ニモ體ノ働ニモ大切ナリ然レトモ過不及アル時ハ害アルモノナレハ能ク其中庸ヲ守ルコトヲ忘ルヘカラス

運動ノ種類ハ屈指ニ遑アラス能ク其運動ノ方法注意スル時ハ一トシテ身體ノ爲ニ益アラズト云フコトナシ故ニ輕運動ハ勿論其他戸外遊戯ニ屬スルモノニシテ往昔ヨリ我國ニ行ハルヽモノモ夥多アリ又ベースボール等ノ外國ヨリ來ルモノ或ハ兵式體操等モアリ凡テ戸外ノ遊戯ハ束縛ヲ受クルコト尠ク從テ精神ヲ慰樂伸張ス加フルニ新鮮ノ空氣中ニテ運動スルモノナレハ自ラ意識ヲフレテ一層ノ爽快ヲ覺ヘシム此ヲ以テ言ヘハ室中ニ於テ輕運動ヨリ優レリトス然レトモ是ヲ學校ニ用ヰ其生

徒ニ體操ノ一科トシテ施スモ盡ク其生徒ニ授ケ行ウコトハ到底能ハス人ハ體格ニ強弱アリ又性質ニヨリ運動ヲ好ムモノト好マサル者トアリ故ニ此等ノ遊戯ヲ為サシメントスル時ハ為ス者ト為サヾル者トノ二ツニ分ルヽナリ而シテ一遊戯ヲ四十人モ五十人モ共ニ為サシムルコトハ甚ダ少シ故ニ一學校ノ生徒ヲ一様ニ運動セシメンニハ一ノ規則アリ即輕運動兵式體操ノ外ナキナリ

運動ハ身體ノ各部ヲ平等均一ニ活動セシメ且時間ヲ要スルコト少キ者ヲ以テ最良トス殊ニ學校ノ生徒ニハ最注意ヲ要ス故ニ戸外ノ遊戯ハ學校ノ正科トシテ授クル能ハス且戸外遊戯中ニ足ノ運動ニノミ偏スルモノアリ或ハ上肢ヲノミ勞スルアリ身體各部ヲ平等ニ運動セシムルコトハ到底難シトス兵式體操モ未タ充分ナル運動ト云フヘカラス如何トナレハ固ト各組立ル主意ノ差異アレハナリ輕體操ハ之レト異ナリ身體ノ各部ヲ一様ニ運動セシムルノ旨意ヨリ成ルモノナレハ殆ント一點ノ欠クル所ナシ戸外遊戯ト輕體操トヲ比較スルニ

精神ヲ樂マシムルト否ラサルトニ至テハ甚タシク異レリ即輕運動ヨリ戸外遊戯ハ爽快ナルカ故ニ生徒ノ最喜フ所ナリ然レモ生徒ノ心ヲ喜ハシムルト否トハ授業ノ巧拙如何ニアリ戸外遊戯ハ爽快ナル故ニ生徒ヲシテ活潑ノ元氣ヲ養ハシムルモ之レカ教師タルモノハ巧ニ其術ヲ授クルトキハ良効果ヲ得ルニ至ルヘシ之カ業ヲ授クル者豈ニ夫練達セスシテ可ナランヤ

運動ハ身體ノ各部互ニ相連續セシムルヿヲ要ス

運動ヲ為ニ筋肉ノ一部ニ止マルトキハ其部ノ筋肉ヲ大ニ疲勞セシムヘシ故ニ其運動ノ部ヲ代ヘ或ハ右ニシ或ハ左ニシ或ハ前ニシ或ハ後ニシ或ハ屈シ或ハ伸ヒ交々身體中ノ筋肉ヲ働カシメサレハ宜シカラス如此交々運動シ而シテ全身中盡ク運動セシムルヲ良運動トス輕運動ノ如キハ之ヲ本トシテ組立テシナリ故ニ皆同運動ノ續クコトナシ之ヲ喩フレハ手ヲ擧クルコトアレハ體ヲ屈ム如此各部ヲ互ニ連續シテ運動セル同部ヲ暫時運動セシメテ而後他部ヲ運動サス彼ノ

矯正術ノ如キヨリモ交互ニ運動スル即徒手ヲ良トス

運動ハ易ヨリ難ニ移ルヲ要ス

生理學ノ規則トシテ運動ヲ爲スニハ突然劇シキ運動ヲ爲スハ宜シカラス初ハ極メテ易キモノヨリシテ漸次其歩ヲ進ムヘシ尋常健康ノ人ニテモ尚如此況ヤ虚弱ノ者及小童婦女子ニハ深ク茲ニ注意セサルヘカラス而シテ輕體操ハ之ニ見ル所アリテ主トシテ易ヨリ難ニ及ホスノ方法ニ組成セシモノニテ譬ヘハ始ハ整頓法（運動モナラサル）體ノ姿勢ヨリ矯正術ニ及ヒ次テ徒手ヨリ啞鈴ヨリ漸ク進テ棍棒ニ至ルナリ抑運動ハ同種類ニシテ容易キ運動ヲナシ又難ニ移リテ身體全部ヲ盡ク運動セシムルモノハ甚少シ譬ヘハ徒手體操ノ如キモノニテハ充分ナラス必ス啞鈴ニ及ブベシ啞鈴球竿ハ徒手ニ比スレハ少シク力ヲ要シ胸部肩部背部上肢等ノ筋肉ヲ活動セシメ球竿ハ之ヲ定規トシテ用ヰルカ故ニ體ノ曲リシ者ヲ矯正スルニ適ス棍棒ハ劇シキ運動ヲ爲サシムル爲ニ設クル

モノナルハ身體ノ衰弱セシ者ニハ適セス此運動ハ上肢ノ運動ニ關スル筋肉及胸部背部ノ力ヲシテ強硬ナラシム所謂此等ハ腕力ヲ養フト云フ者ナリ

木環モ亦多クノ筋肉ヲ勞シ且甚タ難キモノナリ故ニ初ニ爲スヘキモノニ非ス此木環ハ（リング）氏ノ發明ナリ

第三章　學校衛生論

凡ソ人ノ發育スル期限ハ極テ幼時ナル中尤盛ナリ漸々發育シテ二十五歳位ニ至レハ肉體上ノ發育モ大概完全シ從テ心ノ發達モ稍其性質ヲ定ム故ニ容易ニ外物ノ爲ニ動サルヽコト少シ而シテ幼時ハ父母ノ體ヲ離レ二十餘歳ニ至ルマテ多ク學校ニ於テ時期ヲ過スナリ而シテ後来一世ノ間ニ盛衰ヲ分ツモ又其學校ニ基因ス小兒ハ體ト心ト共ニ薄弱ナルモノナ又動モスレハ外物ノ爲メニ感化ヲ受ケ易キモノナリ故ニ其間ニ肉體ニシテ良キ發育ヲ遂ケ又良キ習慣ヲ得レハ後来ノ爲ニ祝スヘシト雖若其間ニ體ノ發育即働ヲ害シ或ハ悪習慣ヲ得レハ後

來恐ルベク且驚クベキノ惡結果ヲ生ス故ニ學校ノ衞生法ハ甚タ大切ナルモノニシテ教育ノ途ニ當ルモノハ鞠躬之ニ盡ス所ナカルベカラズ而シテ學校衞生法ニ注意スヘキコト夥多ナレ𪜈之ヲ總括スル片ハ即チ第一教育上ニ用ル家屋器具及其他ノ事情ハ凡テ衞生法ニ從テ設置スヘキコト第二生徒ヲシテ人生ヲ支配スル法則ヲ知ラシムヘキヿ第三其法則ヲ實行スルノ念ヲ起サシムベキヿ第四衞生ノ法ヲ守ルベキ常習ヲ養成スルヿ此第一家屋器械ニ至リテハ其ノ學校ノ管理者タル者ヲ能ク整頓スヘキモノナリ其他授業上ニ關係ノ事ハ教員タル者ノ注意スヘキヿナリ第二教員タルモノ涵養ヲ怠ル可カラサルモノナリ（第二ハ生徒ヲシテ直接ニ注意セシムヘキヿニアリ即チ生理上ノヿ）第三第四等ハ縱ヒ直接ニ生徒ニ教ルモ或ハ遵守セサルモアリ故ニ之ヲ守ル様ニセサルヘカラス只獨守セシムルノミナラス平生之ヲ守ル習慣トナラシムヘシ然ラハ學校教師タル者ハ生理健全ノ學科ヲ辨知スルヲ要ス

第一學校地所ノ地質　學校ヲ建築センニハ先ツ其良好地ヲ擇ハサルヘカラス然ラサレハ大害アリ然レモ實際之ヲ擇フニ甚タ難キモノナリ東京等ノ市街ニテハ良地ヲ容易ニ得難シト雖田舎ニ至リテハ殆ント良地ニ餘リアルヘシ而シテ此良地ヲ得ルニハ學校ノ資金ニ大関係ヲ及ホスモノナリ彼ノ濕氣アリテ乾キノ薄キ地好シヤ濕氣ナキモ元堀ヲ埋メタル地カ或ハ傍ニ溝アリテ自然濕氣ノ通スル地トカ此ノ如キ所ヘ學校ヲ設クル時ハ其土地ヨリ數散スル惡氣ノ爲ニ或ハ脚氣ヲ起シ或ハ惡シキ熱病ヲ病ミ加フルニ其地ニ堀リタル井水ハ其性質惡シキカ爲メ身體ニ大害ヲ與フルモノナリ良好ノ地トハ高燥ニシテ鬆疎或ハ砂地ナルヲ云フ

前節述ヘシ如ク學校ヲ築クニ良地ナルハ砂地硅石土及ヒ嵒巖ノ如キ層ヲナセル所トス若シ然ラスシテ粘土ノ質ニ築ク時ハ降雨ノ後俄カニ乾クコトナクシ濕氣ヲ帶ヒ惡シキ瓦斯ヲ蒸發セシメテ身體ヲ害ス如此所ハ土地ノ

斜ニ築クヲ良トス斜ニスルニ北ニ向クルトキハ光線ノ射入悪シ故ニ低キ南向キニ立ツヘシ其外凡テ地ノ濕氣アル所ハ水除即チ井或ハ堀ヲ穿ツヘシ

(四)周圍　學校ヲ築クニ地質ハ縦ヒ良好ナルモ周圍ニ池沼或ハ流レ遲キ河若クハ海濱ニ築クトキハ悪シキ空氣ヲ呼吸シ間々歇熱ヲ生ス又空氣ノ濕ヒタル所ニ居レハ感覺大ニ鈍リ自然快々不快ノ感情ヲ惹起ス而シテ又樹木欝茂シ彼ノ深林鳥聲ヲ聞カサル等ノ如キ地ハ宜シカラズ是レ光線ノ射入ヲ妨クレハナリ家屋ノ櫛比スルモ亦不可ナリ是レ空氣ノ流通悪シケレハナリ墓地或ハ牛馬ヲ屠ル場周圍ニアルトキハ自然不潔ノ水流レ來リ且ツ空氣モ清潔ナラス故ニ避ケサルヘカラズ其他演劇場及往來ノ雜沓ノ如キモ力メテ避クヘシ生徒ノ心ヲ錯亂セシムルノ憂アレハナリ

(八)面積　小兒ハ快活ニ氣中ニ運動セサレハ身體發育ヲ妨害ス故ニ學校ニハ必ス適當ノ運動場ナカルヘカラズ資金欠乏ナル學校ハ實ニ止ムヲ得サルモ資金乏シ

カラサル學校ニシテ往々備サルモアリ思ハサルノ甚シキナリ市街ノ狭隘ナル所或ハ往來ノ三角地ニ建ツルハ實ニ宜シカラズ殊ニ學校ノ周圍ニ餘地アルモ故ニ田畑トナシテ遊戯場ヲ妨クルアルハ真ニ嘆スベシ凡ソ運動場ノ廣ハ生徒ノ多寡ニ因リテ異ナルモ先ツ四五十人位ノ學校ニテハ少ナクモ六百坪ナカルベカラズ學校資金モ乏シカラズ生徒モ多ク寄宿舎ヲ建ルニ至リテハ二三千坪ヨリ一萬坪位ヲ要ストス

(二) 形状 地ニ廣狭アリ廣キ所ハ何レニシテモ可ナレドモ狭クシテ纔ニ六百坪以上千坪以下ノ所ハ方形或ハ長方形ヲ爲スヲ可ナリトス而レドモ長方形モ餘リ細長ナルハ宜シカラズ巾ヲ一トスレハ長ヲ三トス廣地ハ長方形ヲ要セス然レドモ續キタルヲ宜トス彼ノ瓢形ノ如ク斷絶セルハ不宜其地ハ可成平坦ニシテ高低ナク所謂砥ノ如キヲ最良トス

第二 學校ノ家屋

學校ヲ築クニハ可成人ノ健康ニ適シ而シテ便利ナル結構ヲ要ス凡テ學校ノ

建築ハ資金ニ関係シ又建築係ノ智識ニ関ス故ニ通常學校ヲ目撃スルニ充分完全ト稱スル者ハ極メテ稀ナリトス

(イ)料材　第一ニ椽ノ下ヲ白堊ニテ固メルヲ宜シトス之レ地中ヨリ悪シキ水氣ノ蒸發ヲ防ケハナリ故ニ家屋ハ可成石或ハ煉瓦ヲ良トス夏天ハ暑ヲ防キ冬天ハ寒ヲ防キ且ツ堅固ニシテ安堵ナリ又木材ニテ造ルヘキハペンキヲ塗ルモ可ナリペンキヲ塗ルトキハ木ノ朽ルコト遅ク雨ニ逢フモ深部マテ潤ハスシテ忽チ乾クモノナリ然レ𪜈之ヲ塗ルトキハ木質ノ氣孔ヲ塞ク故ニ完ニ空氣ノ流通ヨリ言ヘハ塗ラサルヲ宜シトス

(ペンキニテ塗ルニハ木十分ニ乾キタル時ニ為スヘシ然ラザレハ朽ルナリ)

(ロ)家屋ノ位置　家ノ向ハ地ノ廣狹ニ因リテ一定セス狹キ地ニテハ入口ヲ往來ニ向ルヲ可トス而シテ其場所ハ地面ノ中央ヨリ少シ前即往來ノ方ニヨルヲ可トス然ルトキハ事アルトキ雑沓ヲ免レ又平生ノ管理上ニ便ナリリンコルン氏曰ク熱帶國ニテハ日光ノ家屋内ニ直射セル様ニ建ツルヲ可トス然レ𪜈温帶ニ倚リタル國ハ日光ノ

一日ニ幾多カ直射スベキヲ要ス之レヨリシテ言ヘバ東

如此建ツベシ然ルトキハ全家中一日ニ幾多カ日光ヲ受クベキナリ

東

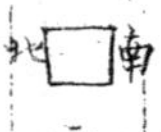

如此ハ終日日光ヲ受ケズ

日本ノ家屋ハ多ク如此然レモ奥ナル所ハ日光ヲ受ケズ

如此細長ナルハ日光ノ直射ハ良シ只両端受ケザルミ

第三　教場

(イ) 教場　大サリンコルン氏曰リ教場中生徒一人ニ付配當スベキ容積ハ大概二百立方ヒートヨリ三百立方ヒート位マデアルヲ以テ充分トス如此スルトキハ高ヲ十五ヒートトスル面積ヲ二千平方ヒート位トス然レモ實際ハ如此ナルベカラズ先ツ通常五六ヒートヨリ廣キモ十平方ヒート位ナラズ而シテ面積ヨリ言ヘハ一人ニ付十ヒートアル足レリ然ラハ五六十位ノ生徒ニハ面積五百平方ヒートヲ要ス（高サ十五ヒート以下）

(ロ) 形状　家ノ建築方ハ可成長方形ナルヲ可トス而シテ教師ノ室ハ何レ端ニスベシ（短キ端）然ルトキハ能ク場中ヲ見渡スコトヲ得且ツ管理上ニ便ニシテ音響等モ能ク聞クベシ其教場ノ長サモ亦限リナカルヘカラズ大抵三十ヒート位トス

二應五分ニ位ノ字即ABノ如キ二寸程ノモノヲ前ノ距離即三十ヒートト位ノ所マテ通常ノ眼ニテ明ニ見得ヘキヲ良トス故ニ三十ヒートト位ノ廣ニテ是ヲ趨クヘカラズ而シテ横即巾ハ窓ヨリ入ル光線机上ヲ明ニ照スヘキ丈ヲ以テ度トス窓ノ高即チ極メテ上マテ極メテ下マテト其ノ室ノ巾ハ二ト三ノ比例ヲ以テ定ム

窓ノ上端ヨリ窓下板引迄ヲ二間トスレハ室ノ巾ド三間ニテ可ナリ窓ノ高ヲ十四ヒートトスレハ室ノ巾ハ二十ヒートトシ其他ニ往來スヘキ場所ヲ混シテ二十五ヒート位トス窓之ヨリ卑キ時ハ隨テ室ノ巾ヲモ減スベシ然レ𪜈窓若両側ニアル時ハ室ノ巾ヲ廣メテ可ナリ天井ノ高サハ十三ヒートヨリ十五ヒート位トス餘リ高キ時ハ音ヲ反射シ或ハ音ヲ通リ悪シ又餘リ卑クキ時ハ空氣ノ流通宜シカラスエリスマン氏曰ク教場ノ長サハ三十三ヒートト巾二十三ヒートト高サ十三ヒートヲ度トシ之ヲ過クヘカラズ然ル時ハ其容積九千八百餘ニシテ殆ント一万立方ヒート位ニナルナリ如此教場ナレハ不潔ナル衣服等ヲ着用スルモ空氣ヲ悪シクスルコトナク又其原因モ

ナレ而シテ空氣ノ流通モナカナリ亦教場中ニ入ルコト一時間ヲ超ユヘカラス二時乃至三時間ニ渉ルトキハ空氣ヲ惡クス此教場ハ生徒五十人ヲ入レテ可ナリ一人ニ付其容積殆ト二百立方ヒートニ當ル

(ヒ) 教場ノ彩色　譬ハ壁ヲ黒クスル片ハ光線ヲ多ク吸收シ室内暗黒ナリ然レモ光線ヲ吸收セサル所ノ反射色即白色ナルモノ或ハ赤色ニシテ紫々目ヲ眩セシムル者ハ目ニ其害アリ善良ナル色ハ薄青色或ハ薄赤色等ナリ但教場ノ暗キ所ハ白色トセザルヲ得ス

第四　教場採明

(イ) 窻　教場ハ導キ入ル光線モ餘リ強キ片ハ目ノ爲ニ惡シク弱キモ亦惡シ故ニ明ヲ採ルニハ一場中一樣ニ暗カラシメサルヲ可トス而シテ教場中一樣ニ明ナラシムルニハ窻小ニシテ數多キヨリ大ニシテ少ナキヲ可トス而シテ窻ト窻ノ間ヲ可成狹クシ一ヒートヨリ若クハ二ヒートト位ニスヘシ其ノ側壁ニ造ル窻ハ板引ヨリ五ヒートト位ノ上ニ付クヘシ而シテ上ハ天井ニ屆ク

位ヲ宜シトス如何トナレハ窻ノ下ヨリ入ル光線ハ用ヲ為サズ又窻ハ生徒ノ左方ニ造ルベシ右方ヨリ来ル光線ハ影ヲ為シ後ヨリノ光線ハ自己ノ體ノ為ニ影ヲ為シテ遮キラレ前ヨリノ光線ハ眼ノ為メニ悪シク彼ノ近視眼ノ憂アリ窻ニ付クル玻璃面積ハ生徒一人ニ付大概三百平方應アレハ充分ナリ然ルトキハ教場ノ面積六分一程ナリ

人工照明法

之レハ寄宿舎及ヒ夜學等ニ必要ナリ而シテ照明法ノ注意スヘキモノハ窻ノ採明ト同シク彼ノ直線ニ眼ニ向ヒテ来ラサル様ニスベシ其他炭酸瓦斯ノ多ク發出セルヲ防カサルベカラス又蠟燭ヲ點スルヨリ可成瓦斯燈ヲ用フベシ又ランプヲ仕フトキハ必ス蓋ヲ掛クベシ何トナレハ炎尖風ノ為メニ動クハ眼ノ為ニ悪シケレハナリ

第五　室内ノ温度

夏天ニハ能ク室内ノ空氣ヲ流通セシメ且ツ烈シキ日光ヲ直接ニ受クルヲ防クベシ然ルトキハ冷涼ヲ覺ヘテ左程ノ害ナシ然レモ冬ニハ之ニ反シ非常ノ寒威ヲ来タスモノナレハ

室内ヲ温ムルニハ主トシテ先ツ室内ノ空氣ヲ流通セシムルヲ要ス温ヲ取ルニハ火鉢或ハストーブヲ用フベシストーブハ其近接セルモノ非常ニ強熱ヲ覺ユル如クナラサレハ室内ヲ一齊ニ温ムル能ハズ全體ストーブハ空氣ノ流通ハ尤モ好シ然レ𪜈一様ニ温ムルコトハ甚難シ火鉢ハ空氣ノ流通ストーブノ如クナラズ其近接セル者ハ暖キモ少シク離レタル者ハ温ヲ取ル能ハス其温度ハ幾何ニシテ人體ニ適スルヤト云フニ各人ノ體質及ヒ同シ體質ニテモ職業ニ因リテ差アリ華氏八十度ノ温度ニシテ適當ナル者アリ又五十度ニシテ可ナルモアリ但シ教場中ヲ温ムルニハ六十度ヨリ七十度位ヲ最良トス之レヨリ温度ノ低キ𬼂ハ自然寒慄ヲ生シテ背部ヲ圓曲スルニ至ル或ハ衣服ノ汚穢ナル爲ニ冒感ヲ受ク又睡眠ヲ催ス而シテ温度ノ非常ニ暑キ時ハ外出セル𬼂俄ニ寒氣ニ感スルモノナリ

身體運動ノ利害及ヒ適宜運動ノ法

運動ノ際ニ發起スル體機ノ關係ハ則チ運動ノ利害ト適宜運動トノ原基タルヲ以テ先ツ此關係ヲ知ルニアラサレハ終ニ其利害ヲ了知スルコト能ハス讀者此意ヲ了シテ左述ノ關係ヲ明ニシテ之ニ基ツヒテ利害ノ原由ヲ考究スヘハ特リ以下記載ノ利害ノミナラス亦能ク運動ノ變ニ應シテ其利害ヲ氷解シ得ルニ至ルベシ

運動ノ際ニ發起スル體機ノ關係

第一　身體各種ノ機器ハ作用起續ノ間斷ヘス構造ノ實質ヲ消耗シ漸次ニ之ヲ減サスルモノナリ筋肉及神經ニ於ケルモ亦然リ故ニ身體ノ運動ニ方リテハ爲ニ感動スル所筋肉及ヒ神經ノ實質ニ不斷減サヲ起シテ遂ニ大ニ之ヲ消耗スルニ至ルヘシ然ルトキハ體内ニ炭酸等ナル有害ノ物質ヲ構生シ人ヲシテ疲勞ヲ覺ヘ倦苦ヲ發セシムルモノトス然レモ一旦運動ヲ休

止スレハ忽チ身體ノ疲勞ヲ醫シ倦苦ヲ脱スルヲ得ヘシ是此休止ニ方リテハ身體自然ノ機能ニ由リテ體内鬱積ノ炭酸等ヲ排去シ又血液著シク此等ノ部分ニ循注シテ忽チ實質減耗ヲ補養スルカ故ナリ

第二運動ニ方テハ筋肉ノ伸宿ニ由リテ該部ノ血管及ヒ淋巴管ハ勿論其近周ナル該管ニモ亦壓搾ヲ及ホシテ管中ノ血液ト淋巴液ト經行ヲ速ニシ

第三運動ニ方リテハ運動ニ關係スル自他ノ神經ニモ亦感動ヲ及ホシテ遂ニ心臟肺臟及腸胃ノ作用ヲ亢進セシムルニ至ルヘシ運動ノ際脈搏稍ク速ニ呼吸短促シ消化大ニ進ムモノハ皆此原由ニ出ルモノナリ

第四筋肉ハ硬骨及ヒ軟骨ニ附着スルカ故ニ其運動ニ方リテハ亦之ニ動搖ヲ及ホスヘシ然ルトキハ該骨漸々實大進ミ其強硬ヲ増スモノナリ

第五運動ノ際ハ精神ノ作用專ラ動意ニ在ルヲ以テ自然考慮思察等ノ作用ヲ失フヘシ若慮鬱思等ノ際適宜ノ運動ヲ為セハ人能ク

之ヲ忘レテ精神ノ爽快ヲ覺ユルモノハ此理ニ外ナラス

適宜運動ノ方法

各人適宜ノ運動ヲ為サント欲セハ其體質等ニ關シテ左ノ注意ヲ守リ運動一般ノ定則ヲ知テ適宜ニ之ヲ攝制セスンハアル可ラス則チ

体質等ノ注意

○身體運動ノ強弱ハ平常ノ飲食筋肉及ヒ骨格構造血液ノ多少ニ關係スルモノナリ則チ平常美味ヲ食シ骨肉強美ニシテ血液ニ富メル者ハ其身體能ク運動ニ適シ容易ニ疲勞ヲ覺ルヿナシト雖常ニ粗食ヲ為シ骨肉薄弱ニシテ血液ニ乏シキ者ハ些少ノ勞動ニモ亦忽チ倦苦ヲ生シテ不快感覺ヲ起スニ至ルヘシ身體羸瘦シテ皮膚青白ノモノ肥大強實ノ人ト歩ヲ倶ニシ勞ヲ等フセント欲シテ強テ其身體ヲ運動スルモ尚能ク之ニ及フヿ能ハサル者ハ能ク此理ニ異ナラス故ニ人ハ此關係ヲ省テ自ラ體機ノ強弱ヲ知リ

運動ヲ節シテ其適度ヲ超ヘシムヘカラス若シ夫レ否ラス強テ過度ノ運動ヲ爲ストキハ特リ一時ノ疲勞ヲ覺ルノミナラス漸々血液ヲ減耗シテ遂ニ大患ヲ招クニ至ルヘシ

身體ノ運動ハ生活ノ方法ニ由テモ亦強弱ノ差ヲ生スルモノナリ例之力役ニ慣レテ筋骨ヲ勞スル者ハ其身體能ク強劇ノ運動ニ適スヘシト雖常ニ坐業ヲ執リテ勞力ニ慣レサル者ハ些少ノ勞動タモ亦忽テ倦苦ヲ生スルカ如シ故ニ各人適宜ノ運動ヲ行ハント欲セハ亦必ス其職業ニ注意シテ自ラ之ヲ攝制セスンハアルヘカラス

左述ノ徴候ハ過度ノ運動ニ由リテ發生スル者ナルカ故ニ人若シ此等ノ徴候ヲ發スルヿアレハ則チ運動ヲ止メテ身體ヲ休慰セシムヘシ則チ

心臟ノ動悸頻數ニシテ且ツ尤大ナルヿ

呼吸短促シテニ氣息苦難ナルヿ

顔面大ニ赤色若クハ青色ヲ呈スルヿ

皮膚ニ過温ヲ覺ヘ發汗肌ヲ濕スヿ

大ニ疲勞ヲ覺ヘ若クハ頭痛胸苦凡テ不快感覺ヲ發スルヿ

運動一般ノ定則

○運動ノ間ハ血液ノ循環ヲシテ殊ニ快順ナラシムルヲ要スルカ故ニ總テ狹迫衣服（殊ニ頸及胸部ニ狹着セルモノ）ヲ脱シ可及的寛裕ノ衣服ヲ着スヘシ

○運動ノ間ハ身體ノ一部ヲ偏動スル（例之ハ行歩ノ際右腕若クハ左腕ヲ偏動シ或ハ一足ニノミ力ヲ張ル等）ヿナク強テ運動ヲ全身ニ平均セシムヘシ

○疲勞ヲ覺ハ直ニ運動ヲ止メテ身體ヲ休慰セシムヘシ勉テ運動ヲシテ非常ニ疲勞ヲ增サシムルヿアルヘカラス

○運動後ハ假令疲勞ヲ覺サルモ亦必ス暫時其身ヲ休息セシムヘシ

運動ノ際モ亦時々休息スルヲ宜トス

○身體運動ノ度ヲ強テ容易ニ疲勞ヲ發スルヿナカラシメント欲セハ常ニ美味ヲ食シテ筋力ヲ養ヒ漸々運動ヲ増シテ終ニ此度ニ達セシムヘシ若シ夫レ否ラス急ニ運動ノ適度ヲ強メント欲シテ強テ非常ノ運動ヲ行フ片ハ特リ此目的ヲ達シ得サルノミナラス却テ健康ヲ害シ大患ヲ招クノ恐アリ

○運動ノ際及其後ハ可及的新鮮ノ空氣ヲ吸呼シ氣息ヲシテ強テ徐長ナラシムルヲ要ス此レ斯ノ徐長ハ肺臓ノ健康ヲ保チ血液ノ循環ヲ平順ニシ消化機能ヲ進ムル等大ニ健康ヲ養フノ功アルカ故ナリ

○運動ノ際動悸亢進等凡テ運動過度ノ徴候ヲ發スルヿハ直チニ運動ヲ止メテ身體ヲ休慰セシムヘシ血液貧少ノ人胸廓ニ疾病アル人等ハ殊ニ注意シテ該事ヲ守ルヘシ

○食後直ニ強劇ノ運動ヲ行フヿナク又此ノ運動後直チニ食事ヲ行フヿナカレ此レ斯ノ運動ハ凡テ食物ノ消化ヲ難フス胃苦ヲ起スノ憂アルカ故ナリ

運動ノ間及ヒ其後ハ殊ニ衣服ニ注意シテ身體ニ寒冷ヲ感セシムヘカラス是斯ノ寒冷ハ心臟病ヲ因起スルノ恐アルカ故ナリ

人能ク其體質等ニ注意シ適宜攝制シテ以上ノ運動方ヲ實施スル時ハ爲ニ體機ノ運動ヲ調和シテ大ニ身體ノ健康ヲ進ムヘシト雖若シ斯ノ注意ト方法トヲ怠リテ不適當ノ運動ヲ爲スヿアレハ爲メニ害患ヲ招テ大ニ其健康ヲ破ルニ至ルヘシ其利害ハ左ノ如シ

運動ノ利

第一　適宜ノ運動ヲ爲セハ精神ノ舒長シテ自ラ爽快ヲ覺ヘ血液ノ循環ヲ快クシテ大ニ脳髓ヲ養フニ由リ該動ハ能ク脳髓ノ作用ヲ進メ心志ノ活潑ヲ増サシムル功アリ

第二　憂鬱苦心等ハ脳髓ヲ損シ健康ヲ害スルヿ最甚シキニ由リ各人其健康ヲ養ハント欲セハ勉テ精神ヲ閑靜ニ安

シ可及的憂苦ヲ散慰セスンハアルヘカラ然リ而シテ適宜ノ運動ハ精神ヲシテ專ラ動意ニ傾カシメ心發ノ快活ヲ増シテ憂苦ヲ散スルノ作用アルニ由リ大ニ心神ヲ養ヒ能ク此目的ヲ達セシムルノ効アルモノトス

第三 夜中睡眠ハ終日ノ勞ヲ脱シテ心身ノ快活ヲ復セシムヘキ專効ヲ占メ健康上著大ノ関係スル有スルカ故ニ各人適應時限ハ蓐臥以テ熟眠ヲ求メスンハアルヘカラ然リ而シテ適宜ノ運動ハ能ク斯ノ如ク熟眠ヲ促スノ効アリ故ニ亦能ク健康ヲ進ムルノ効アルモノトス

第四 適宜ノ美食ヲナシテ適度ノ運動ヲ行フハ筋肉ノ健康ト勢力トヲ増シテ愈其ノ用ニ適セシメ老後尚其健康ヲ持續シテ能ク勞動ニ堪ヘ得ルニ至ルヘシ此他適宜ノ運動適宜ノ滋養ト併セ行ハルレハ

亦能ク心臓ノ勢力ヲ増シテ血液ニ快然タル循環ヲ得セシメ機器ヲ調和シテ其機動ヲ進メシム故ニ適宜ノ運動ハ特リ筋肉ニ改良ヲ與フルノミナラス亦能ク全身ノ健康ヲ進ムルノ効アリ

第五 適宜運動ヲ為セハ胸腹ニ清快ヲ覺ヘテ善ク食思ヲ起スヘシ

第六 適宜運動ハ血液ノ循環食物ノ消化呼吸ノ機能排泄ノ機能等總テ健康ノ持續ニ必用ナル體機ノ機能ヲ進ムルノ効アリ人左ノ病候ヲ覺ルトキ適宜ノ運動ヲ行ヘハ病惱忽チ消シテ心身ノ快爽ヲ得ルモノハ全ク此理ニ外ナラス

血液鬱積シテ頭眩等ヲ覺ルトキ 大便秘結シテ腹痛等ヲ發スルトキ 不消化物ヲ食シ若シクハ過食ニ由テ心下ニ痞《ツカヘ》苦ヲ

覺ルトキ此他或ハ飲酒ニ過キ或ハ淫事ニ過キル等種々ノ
原因ニ由テ心下此他ニ不快感覺ヲ起ストキ

第七適宜ノ運動ハ骨格ノ強實ヲ増シ胸腸及ヒ腹部ニ適當ノ擴張ヲ得セシメ又脊柱ニ適良ノ屈曲ヲ與ヘ全身ノ形ノ状ヲ改良スル効アリ

運動ノ害

第一過度ノ運動ヲ為セハ身體甚シク疲勞シ筋肉ニ疼痛或ハ浮ハレ腫ヲ發シテ屈伸ノ自由ヲ欠キ起居意ノ如クナラスシテ恰モ不具ノ状ヲ現ハスニ至ル

第二過度ノ運動ヲ為セハ血液ノ循環食物ノ消化等凡テ健康ノ持續ニ必用ナル體機ノ機能ヲ妨ケテ心下苦悶食思減少此他種々不快ノ感覺ヲ因起シ又脳髓ヲ疲ラシテ精神ノ作用ヲ弱メ心志皆

哀思慮錯雜等ヲ因發シテ大ニ健康ヲ害スルニ至ルヘシ

第三過度運動ヲ爲セハ大ニ血液ヲ費耗シテ體内ノ血量ヲ減少スルニ由リ遂ニ貧血的ノ疾病ヲ因起スルノ恐アリ

第四過度ノ運動ハ非常ニ心臓ノ動悸ヲ亢シ遂ニ心臓ノ張大ヲ因起シテ其作用ヲ損傷スルノ恐アリ

第五過度ノ運動ヲ爲セハ呼吸甚シク短促シテ不適當ノ縮張ヲ胸膈ニ起シ遂ニ肺臓ノ張大ヲ因起シテ呼吸困難ヲ生スルノ恐アリ

第六職業上常ニ身體ヲ前屈シ若クハ單ニ腕力或ハ足力ヲ勞スル等凡テ身體ノ一部分ヲ偏動シテ運動ヲ全身ニ平分スルコトナクンハ脊柱ノ屈曲ヲ増スル等種々ノ變態ヲ起シテ遂ニ身體ハ形状ヲ

不良ニ變ス可シ

身體運動ノ利害以下坪井玄道先生口授

明治二十年夏六月二十八日筆記

新式　兵式教科書

新式
兵式教科書

今ヤ我陸軍ハ歩兵操典ヲ改正スルノ必要ヲ認メ去ル廿四年七月廿四日陸達百〇七號ヲ以テ之レヲ發布セラレ來ル十二月一日ヨリ其實施ヲ各隊ニ命セリ之ニ依テ勢ヒ各學校ノ兵式操典モ改正セザルヲ得ザルニ至レリ爰ニ於テ余輩等平素ノ實驗ニ照シ該操典ニ註解ヲ加ヘ以テ有志ノ參考ニ供ス

明治廿五年八月廿五日　編者誌

生徒ヲ懇篤ニ敎育シ熟達ニ至ラシムルハ演習ノ經過急速ナラザルト
復習ヲ厭ハザルトニアリ之カ爲メ多クノ時日ヲ費スヿヲ豫定スルヲ
要ス

徒手敎練

不動ノ姿勢

第二　號令

氣ヲ着ケ

兩踵ヲ一線上ニ揃ヘテ之ヲ着ケ兩足ハ矩形ヨリモ少シク狹ク開キテ
同樣ニ外側ニ向ケ兩膝ハ凝ラザル樣ニ之ヲ伸シ上躰ハ正シク腰ノ上
ニ落チ附ケ且少シク前ニ傾ケ兩肩ハ故ラニ張ルヿナク後方ニ引キ一

樣ニ之ヲ下ケ両臂ハ自然ニ垂レ掌ハ些ニ外側ニ向ケ指ハ輕ク屈メテ之ヲ並ヘ小指ハ袴ノ縫目ノ後ロニ當テ頭ハ正シク且自然ニ保テ頸ヲ眞直ニシ腮ハ輕ク頸ニ近ツケ兩眼ハ前面ヲ直視シ地上ヲ見ルヿ無シ兩足ヲ正シク置クヿハ甚タ緊要ナリ何トナレバ之ニ由テ上体ノ姿勢ヲ保ツヿヲ得若シ兩足ノ位置不正ナルトキハ從テ肩ノ位置傾クモノナレバナリ

第三　休憩ヲナサシムルニハ左ノ號令ヲ下ス

休メ

姿勢ト動カザルトニ意ヲ留ムルヿ無ク片足ヲ舊位ニ置キ其塲ニ立チテ休憩ス

「休メ」ノ號令ノアルキノ外敎練中隨意ニ動クヲ得ス又休憩中ト雖モ
談話スルヲ禁ス

轉回

右(左)向及半右(左)向

第四　號令

右(左)向け　右(左)

或ハ

半は右(左)向け　右(左)

左足尖ト右足トヲ少シク上ケ左踵ニテ環ノ四分一或ハ八分一丈ケ右(左)ニ廻ワリ右踵ヲ左踵ニ着ケテ同線ニ揃フ

右轉回

第五 號令

廻われ 右

右足ヲ引キ其足尖ヲ左踵ニ接シテ之ト齊頭ニス兩足尖ヲ少シク上ケ膕ヲ伸シ兩踵ニテ後ロニ廻ワリ次ニ右踵ヲ左踵ニ引着ク

第六 立銃ニ在ルトキ轉回ヲ行フニハ右手ヲ以テ少シク銃ヲ上ケ腰ニ支ヘ保チ運動終レバ直チニ之ヲ地ニ置ク

行進

速步

第七 速步ニ於テ一步ノ長サハ踵ヨリ踵マテヲ（二尺五寸）トシ其速

度ハ一分時間ニ百十五歩トス

號令

前へ　進メ

豫令ニテ躰ノ重ミヲ右足ノ上ニ移ス

動令ニテ左脚ヲ前ニ出シ地面ヨリ高ク上クルヿナク足尖ヲ下ケ少シク外側ニ向ケ膕ヲ伸シ上躰ヲ少シク前ニシ右足ヨリ七十五珊知米突ノ所ニ平ラニ蹈着ケ全ク躰ノ重ミヲ蹈着ケタル足ノ上ニ移ス左足ヲ蹈着クルト同時ニ右踵ヲ地ヨリ離シ輕ク膝ヲ屈メ左脚ニ就テ說キ示セシト同法ニテ右脚ヲ前ニ出シ同距離ノ所ニ置キ行進ヲ續行シ兩足ヲ交叉スルヿナク又兩肩ヲ廻ワスヿ無ク兩臂ヲ自然前後へ振動シ頭

ノ位置ヲ常ニ正シ保チ決シテ地上ヲ見ル可カラス

第八　號令

分隊　止《トマ》レ

右足ノ下ニ着タルトキ止レト令アレバ一旦左足ヲ前ニ出シ直チニ右足ヲ之レニ引着ケテ止ル又左足ニ止マレト令アレバ右足ニ左足ヲ着ケテ止ル

退歩

第九　退歩ハ小距離ニ用ユルモノニシテ其速度ハ速歩ニ同シ

號令

後とへ　進メ

速ニ左足ヲ後ニ引キ膕ヲ伸ハシ前足ヨリ約子半歩（一尺二寸四分）ノ所ニ置キ次ニ右足ニテモ同動作ヲ爲シ續キテ退却ス
第十　號令
分隊　止レ
前ナル足ヲ後ナル足ニ引看ケテ止マル
駈歩
第十一　駈歩ニ於テ一歩ノ長サハ二尺八寸トシ其速度ハ一分時間ニ約子百七十歩トス
號令
駈歩　進メ

豫令ニテ兩手ヲ握リ腰ノ高サニ上ケ肘ヲ後ロニシ躰ノ重ミヲ右足ノ上ニ移ス

動令ニテ左脚ヲ前ニ出シ其法脚ヲ少シク屈メテ僅ニ膝ヲ上ケ足尖ヨリ下シテ右足ヨリ二尺八寸ノ所ニ蹈着ク次ニ左脚ト同法ヲ以テ右脚ヲ前ニ出シ常ニ躰ノ重ミヲ蹈着ケタル足ニ移シ兩肘ヲ自然ニ振動シ續キテ行進ス

「分隊止レ」ノ號令ハ右足ニ下ス故ニ各生徒ハ左足ヨリ一二三四歩ヲ蹈ミテ止リ右足ヲ地上ニ下ロスト同時ニ兩手ヲ下ス

歩調ヲ取ラザル行進

第十二　此行進法ハ行進ヲ容易ナラシムル爲メニ用ユルモノトス

行進シ在ルトキ左ノ號令ヲ下ス

歩調止め

正規ノ歩法ヲ守ルヿナク約チ速歩或ハ駈歩ノ速度ヲ用イ姿容ヲ崩サス（列伍ヲ紊サス銃ヲ正シク擔ヒ横隊ニアルトキハ列間距離ヲ二尺六寸四分ニ開キ）シテ行進ス

號令

途歩《ミチアシ》

此號令ニテ歩調ヲ止メ銃ヲ右左何レノ肩ニテモ適宜ニ擔ヒ銃口ヲ上ニシ已ノ銃ヲ以テ隣人ヲ害セザル如クシ其速度ハ一千メートルヲ十二分時ニ通過スルヲ適度トス

再ヒ齊一ナル歩法（定規ノ列間距離）ニ復スルニハ左ノ號令ヲ下ス

速（斷）歩　進メ

足踏

第十三　行進シ在ルキ左ノ號令ヲ下ス

足蹈み　進メ

進ムヿナク少シク膝ヲ屈メ交々兩足ヲ地上ヨリ二寸位上ケテ蹈着ケ調子ヲ取ル再ヒ行進セシムルニハ左足ノ着タルキ左ノ號令ヲ下ス

前へ　進メ

此令ニテ右足ヲ地ニ着ケ更ニ左足ヨリ行進ス

蹈替

第十四　行進シ在ルキ左ノ號令ヲ下ス

蹈替　進メ

右足ノ地上ニ着キタルトキ進メノ令アレハ左足ヲ前ニ蹈着ケ後ナル足ヲ蹈着ケタル足ノ後ニ引着ケ次ニ此蹈着ケタル足ヨリ行進ス又左足ニ令アルトキハ之レニ反對ノ動作ス

横歩

第十五　横歩ハ數歩左右ニ移轉セシムル爲メニ用イ其歩幅ハ約子八寸三分トシ其速度ハ約子速歩ニ同シ

號令

右(左)ヘ横歩《ヨコアシ》　進メ

右(左)ヘ行進スルトキハ右(左)足ヨリ歩ヲ起シ次ニ左(右)足ヲ右(左)足ニ椄シ續キテ側方ニ進ミ「分隊止レ」ノ號令ニテ停止ス

行進間右(左)向、斜行進及右轉回

第十五　號令

右(左)向け前へ　進メ

右(左)足ノ地ニ着クトキ進メノ令ヲ下ス然ルトキ各生徒ハ右(左)足ヲ前ニ踏着ケテ躰ヲ右(左)方ニ廻ワシ右(左)足ヲ新方向ニ踏出シ續キテ行進ス此運動ハ駈歩ニテモ行フコトヲ得

第十七　號令

斜めに右(左)へ　進メ

右(左)足ノ地ニ着クトキ進メノ令ヲ下ス然ルトキ各生徒ハ右(左)足ヲ前ニ踏着テ躰ヲ半ハ右(左)方ニ廻ワシ右(左)足ヨリ新方向ニ行進ス此

時己ノ肩ヲ隣兵ノ肩ト同シ様ニ並ヘテ行進スヘシ
再ヒ直行進ニ復スルニハ「前ヘ進メ」ノ號令ヲ下ス兵卒ハ斜行進ヲ爲スト反對ノ法ヲ以テ正面ニ復シテ行進ス此運動モ驅歩ニテ行ヲ得

第十八　號令

　廻われ右前へ　進メ

進メノ令ハ右足ノ地ニ着クトキ下スモノニシテ各生徒ハ一。ニテ左足ヲ前ニ蹈着ケテ後ロニ廻ワリ二。ニテ右足ヲ左足ニ引着ケ三。ニテ左足ヨリ行進ス（註　左足ヲ蹈ミ着クルニハ右足尖ヨリ少ク右方ナルヲ要ス）

驅歩ノトキハ令ヲ右足ニ下ス故ニ左足ヨリ一二三四歩ヲ蹈ミテ向回リ

左足ヨリ前進ス

第十九　右轉回ヲ爲スト同時ニ停止セシムルニモ右足ノ地ニ着キ左ノ號令ヲ下ス

　廻われ右へ　止レ

一。ニテ左足ヲ前ニ踏着ケテ後ロニ廻ワリ二。ニテ右足ヲ左足ニ引着ケテ止マル駈歩ノトキハ左足ヨリ一二三四歩ニテ向キ回リ右足ヲ着クルト同時ニ兩手ヲ下ス

立銃ニ在ル不動ノ姿勢

第二十　號令

　氣ヲ着ケ

立銃ノ圖（不動ノ姿勢）

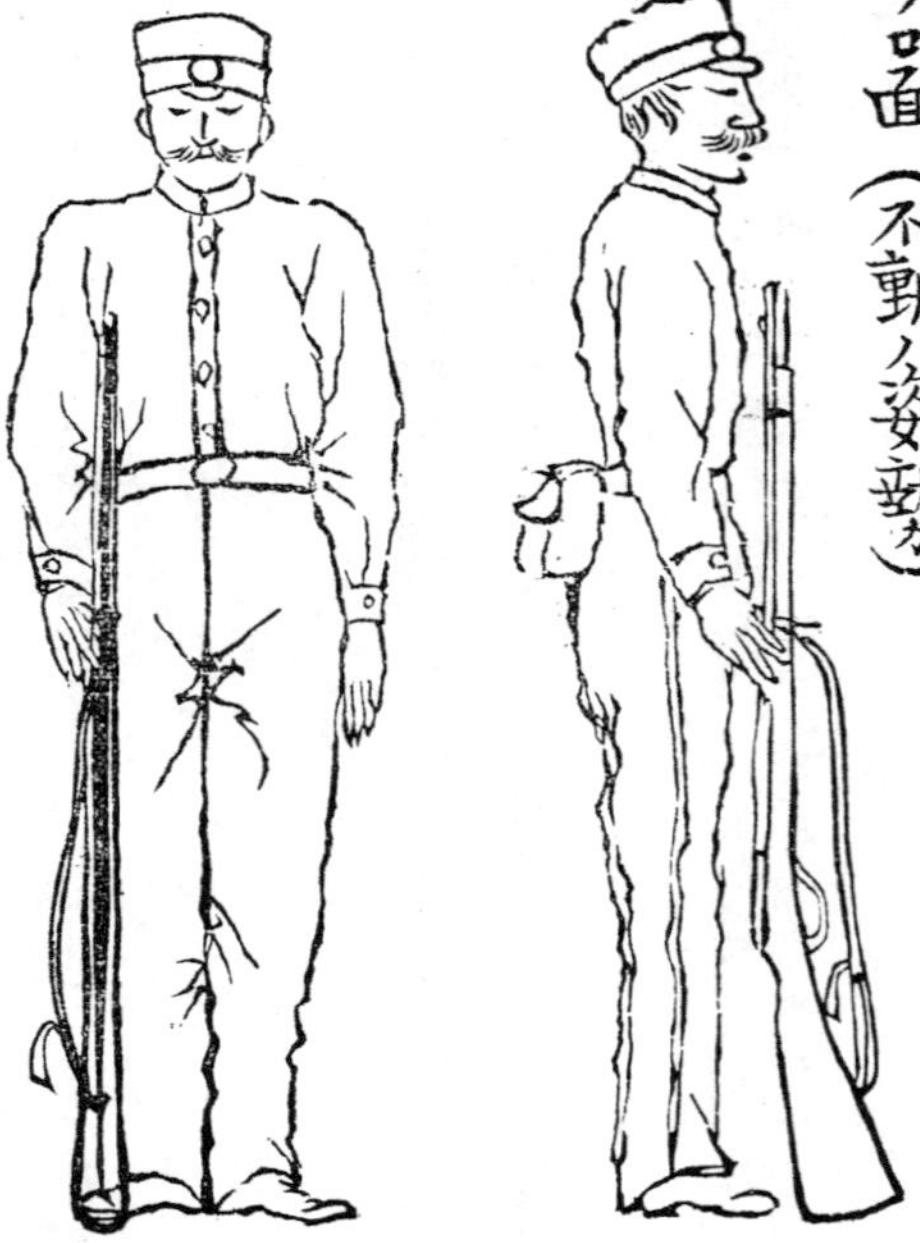

徒手不動ノ姿勢ヲ取リ右手ヲ伸シテ銃ヲ握リ銃身ヲ拇指ト食指トノ間ニ置キ其他ノ三指ハ食指ト並ヘテ銃床ニ添ヘ銃口ハ右臂ヨリ約子三指ノ幅ヲ隔テ銃身ヲ後ロニシ床尾踵ヲ右足尖ノ傍ニテ之ト齊頭ニ置キ銃身ヲ眞直ニ保ツ

第二十一　立銃ニ在ルトキ休憩セシムニハ左ノ號令ヲ下ス

休メ

照星ヲ磨擦セサル爲メ右手ニテ上帶ノ下ヲ握リ銃ヲ前ニ出シ床尾踵ヲ三寸余リ右足尖ヨリ前ニ出シテ銃ヲ保持シ其塲ニ在テ左足ヲ出シ休憩ス右足ヲ出サントスルトキ要スレハ銃ヲ左手ニ移シ前ノ如ク保持スルモ妨ナシ

立銃ヨリ擔銃

號令

第二十二

擔銃ノ圖

擔ヘ　銃

第一動右手ヲ以テ銃ヲ握リ肩ノ高サニ上ケ銃身ヲ右ニシテ之ヲ眞直ニシ同時ニ左手ヲ以テ照尺ノ下ヲ握リ肘ヲ下ケテ輕ク躰ニ接ス

第二動左手ヲ以テ少シク銃ヲ上ケ銃身ヲ半ハ前方ニ向ケ右手ヲ伸ハシテ床尾鈑ヲ握リ食指ト中指ノ間ニ床尾踵ヲ置ク

第三動右手ヲ以テ銃ヲ右肩ニ擔ヒ銃身ヲ上ニシ左手ヲ遊底ノ上ニ置キ右肘ハ輕ク躰ニ接シ床尾翻鐶ヲ躰ヨリ一握程(約子三寸三分位)離シ銃ハ上衣ノ中央釦ト平行セシメ槓杆ヲ腮ト同シ高サニス

第四動左手ヲ下ス

擔銃ヨリ立銃

第二十三　號令

立て　銃

第一動右手ヲ伸ハシテ銃ヲ下ケ銃身ヲ半ハ右方ニ向ケ之ヲ眞直ニシ左手ヲ以テ照尺ノ下ヲ握リ肘ヲ下ケテ輕ク躰ニ接ス

第二動左手ヲ以テ銃ヲ下ケ右手ヲ以テ照尺ノ上ヲ握リ銃身ヲ後ロニ

シ小指ヲ銃床ノ緣ニ當テヽ之ヲ右腰ニ支ヘ同時ニ左手ヲ下ス

第三動銃ヲ輕ク地上ニ置ク

立銃ヨリ捧銃

第二十四　號令

捧け　銃

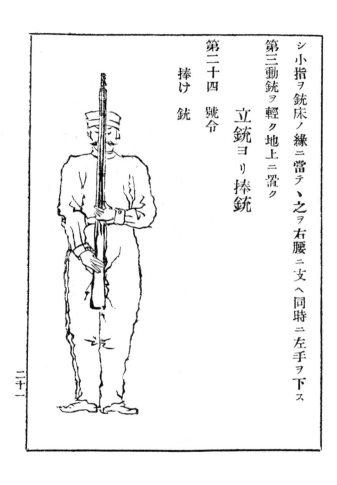

捧銃ノ圖

第一動右手ヲ以テ銃ヲ躰ノ中央前ニ持來シ銃身ヲ後ロニシ之ヲ眞直ニス同時ニ左手ヲ以テ照尺ノ下ヲ握リ食指ヲ照尺坐ノ下端ト齊頭ニシ拇指ヲ銃床ノ縁ニ沿テ伸ハシ前臂ヲ輕ク躰ヲ着ケ殆ント之ヲ水平ニス

第二動右手ヲ以テ輕ク銃把ヲ握ル

捧銃ヨリ立銃

第二十五　號令

立て　銃

第一動右手ヲ以テ照尺ノ上ニ就キ銃ヲ握リ右肘ヲ輕ク躰ニ接ス

第二動右手ヲ以テ銃ヲ下ケ右腰ニ支ヘ擔銃ヨリ立銃ノ二動ノ如クシ

同時ニ左手ヲ下ス

第三動銃ヲ地上ニ置ク

銃劍ノ着脫

第廿六　銃劍ノ着脫ハ停止行進間共ニ之ヲ行ヲ得着脫終レハ銃ヲ舊位置ニ復ス可シ行進間ノ着劍ハ多ク襲步ノ塲合ニス銃劍ノ着脫ハ屢〻

演習スルヿナク各人ヲシテ其方法ヲ知ラシムルヲ以テ足レリトス

着劍

第八　號令

着け　劍

立銃ニ在ルトキハ一左手ヲ以テ上帶ノ下ヲ握リ二兩手ヲ以テ銃ヲ躰ノ中央前ニ持來シ銃身ヲ前ニシテ床尾踵ヲ兩足ノ間ニ置キ銃身ヲ眞直ニシ銃口ヲ胸ヨリ一握程隔テ三直チニ左手ヲ以テ逆ニ銃劍ノ柄ヲ握リ四銃劍ヲ拔テ五確カニ銃口ニ嵌メ六左手ヲ以テ上帶ノ下ヲ握リ兩手ヲ以テ銃ヲ立銃ノ位置ニ復シ七左手ヲ下ス

脱劍

第二十八　號令

脫《ト》れ　劍

立銃ニ在ルトキハ一左手ヲ以テ上帯ノ所ヲ握リ二銃ヲ躰ノ中央前ニ持來シ三右手ヲ上ケ其拇指ヲ劍柄ノ壓鋲ノ上ニ當テ左手ヲ以テ劍柄ヲ握リ四右手ノ拇指ニテ壓鋲ヲ押シテ劍ヲ脫シ五之ヲ右方ニ倒シテ劍尖ヲ下ニシ右手ノ食指中指ト拇指トニテ劍刄ヲ挾ミ持チ其餘ノ指ニテ銃ヲ保チ左手ヲ返シテ柄ヲ握リ六眼ヲ鯉口ニ注キテ劍ヲ全ク鞘ニ納メ七左手ヲ以テ上帯ノ下ヲ握リ同時ニ右手ヲ下ケテ下帯ノ所ニ置キ八兩手ヲ以テ銃ヲ立銃ノ位置ニ復ス九左手ヲ下ス

擔銃ニアルトキ着劍スルニハ一ニテ立銃ノ一動ノ如クナシ二ニテ右手

ヲ以テ銃ノ重点ヲ握リテ提ケ左手ニテ劍柄ヲ握ル三ニテ銃劍ヲ拔キ四ニテ右手ノ銃ヲ銃身ノ下方向ハシムル如クナシ銃劍ヲ着ス五ニテ立銃ヨリ擔銃ノ一擧動ノ如クス六ニテ同上ノ二擧動ヲナシ七同上ノ三動ヲナシ八ニテ同上ノ四動ヲナス

裝塡

第二十九　裝塡ハ屢〻敎習シテ熟達スルヲ要ス是レ停止ト行進トニ關セス又晝夜ノ別ナク何等ノ姿勢ヲ問ハス確實且迅速ニ裝塡スルヲ要スレハナリ

然レ圧銃ノ毀損ヲ防ク爲メ遊底ノ開閉ハ彈藥及擬製彈藥ヲ用ユルトキノミ實施シ其他ハ擬裝ス可シ

地上ニ落チタル彈藥ヲ再ヒ使用スルニハ之ヲ淸拭スルヿニ注意ス可シ

立銃ヨリ裝塡

第三十　號令

込め方　銃

左踵ニテ半右向ヲ爲シ右足ヲ約子後ロヘ一尺右ヘ八寸三分開キ其足尖ハ少シク内側ニ向ケ同時ニ右手ヲ以テ銃ヲ上ケツヽ前ニ倒シ左手ヲ以テ約子銃ノ重点ノ所ヲ握リ拇指ヲ銃床ニ沿テ伸ハシ其餘ノ指ハ銃身ニ觸レザル如クシ銃口ヲ肩ノ高サニシ用心金ノ下端ヲ彈藥盒ヨリ約子三指程隔テヽ床尾ヲ跡ニ接ス（第一

右手ヲ以テ槓杆ヲ握リ爪ヲ上ニシ右臂ハ輕ク銃床ノ外面ニ接ス（第二）

鼠ヲ遊底ニ注キ槓杆ヲ左方ニ廻ハシテ之ヲ後ニ引キツヽ左手ニテ銃ヲ少シク右方ニ傾ク（第三）

右手ヲ彈藥盒ニ入レテ彈藥ヲ撮ミ銃ヲ舊位置ニ復ス（第四）

彈丸ヲ前ニシ彈藥ヲ藥室ニ入ル（第五）

右手ヲ以テ槓杆ヲ握リ爪ヲ內ニス（第六）

遊底ヲ押シ槓杆ヲ確カニ右方ニ倒シ頭ヲ正面ニス（第七）

右手ヲ以テ照尺ノ上ニ就キ銃ヲ握ル（第八）

正面ニ向キツヽ立銃ノ位置ニ持來シ左手ヲ下ス（第九）

銃ヲ地上ニ置ク(第十)

彈藥ノ抽出

第卅一　銃ニ裝塡シ在ルトキ彈藥ヲ抽出セシムルニハ左ノ號令ヲ下ス

彈藥《タマ》ヲ抽《ヌ》ケ

裝塡姿勢ノ第一第二ヲナシ第三ハ槓杆ヲ左ニ起シ後方ヘ引キ藥室ヲ開キ第四ニテ銃ヲ右ニ傾ケ彈藥ヲ抽キ右手ニ受ケ第五ニテ藥盒ニ入レ銃ヲ舊ニ復シ第六ニテ右手ニテ槓杆ヲ握ル第七ニテ槓杆ヲ前方ヨリ右方ニ倒ス第八ニテ擊鉄ヲ下シ第九ニテ右手ニテ照尺ノ上ヲ握リ第十第十一ハ込方ノ九十ニ同シ

射擊

第卅二　射撃ノ動作ハ略〻射撃豫行演習幷ニ柔軟体操ノ据銃運動ニ熟スルノ後ニ行フベシ

立射

第卅三　立銃ニ在ルトキ左ノ號令ヲ下ス

立射《タチウチ》の搆へ　銃

何米突

狙《子》へ

打《テ》

込メ

「銃」ノ號令ニテ込方ノ如ク銃ヲ搆ヘ裝塡シ在ラザルトキハ裝塡ヲ爲シ

銃把ヲ握リ食指ヲ用心金ノ内ニ入レテ之ヲ伸ハス

照尺ノ裝置ニハ右手ノ拇指ト食指ヲ以テ上下スベシ次ニ狙ノ令ニテナス動作ハ据銃体操第二運動ノ如ク肩ニ着ケ右食指ヲ引金ノ前方ニ掛ケ左眼ヲ閉テ照準ス打テノ令ニテ体ヲ動カスコナク靜ニ引金ヲ引キテ發射ス

「込メ」ノ號令ニテ再ヒ擔ヘノ姿勢ヲ取リ銃ニ裝塡ヲ為ス

第卅四　射撃ヲ止ムルニハ左ノ號令ヲ下ス

打方止メ

彈藥ヲ抽出シ擊鐵ヲ下ロシ照尺ヲ故トニ復シ立銃ヲ為ス（タマヲヌケニ同シ）

第卅五　「狙ヘ」ノ姿勢ニ在ルトキ照準ヲ中止セシムルニハ左ノ號令ヲ

下ス

故とへ　銃

豫令ニテ食指ヲ引金ヨリ脱シテ之ヲ伸ハス動令ニテ再ヒ立射ノ構ヘニ復ス

膝射

第卅六　立銃ニ在ルトキ左ノ號令ヲ下ス

膝射《チリシキ》の構へ　銃

一ニテ左踵ニテ半右向ヲ爲シ同時ニ右足ノ中央ヲ約子左踵ノ後ロヘ一尺左ヘ四寸九分開キ右足ノ方向ハ左足ト約子六十度ノ角ヲ爲ス如ク置キ同時ニ左手ヲ以テ劍鞘ヲ握リテ之ヲ前ニ出シ兩肩ヲ張ラスシ

テ頭ヲ眞直ニス
二ニテ右足ノ方向ニ於テ右膝ヲ地ニ着ケ躰ヲ右踵ノ上ニ載セ劍鞘ヲ放チ三ニテ右手ヲ以テ銃ヲ前ニ倒シ左手ニテ約子重点ノ所ニ就テ銃ヲ握リ左前臂ハ左股ニテ支ヘ銃ハ立射ニ於ル如ク搆ヘ「裝塡シ在ラザルキハ二三四五七八ト裝塡ヲ爲ス」次ニ左ノ號令ヲ下ス

何米突

狙ヘ

打

込メ

狙ヘノ令ニテ左肘ヲ左膝ノ上ニ立テ同時ニ銃ヲ左リ手ノ内ニテ摺リ

上ケ左手ヲ用心金ニ接シ銃ヲ拇指ト他ノ四指ノ間ニ保チ床尾鈑ヲ肩ニ着ケ頭ヲ僅カニ前ト右ニ傾ケ右食指ノ二節ヲ引金ニ掛ケ此時右手ヲ肩ノ高サニス打及ヒ込メノ令ニテナス動作ハ立射ニ同シ

伏射

第三十七　立射ニ在ルトキ左ノ號令ヲ下ス

伏《子》射《ツチ》の構へ　銃

一ニテ左踵ニテ半右向ヲ為シ二ニテ銃床尾ヲ右肩ニ對シ前方約子一尺六寸五分ノ所ニ出ス

三ニテ銃ノ方向ニ於テ兩膝ヲ地ニ着ケ右手ニテ銃ノ重点ヲ握ル四ニテ銃ノ方向ニ左手ヲ地ニ着ク五ニテ全伏臥シ六ニテ銃ヲ左手ノ内ニ

ニ倒シ銃身ヲ上ニシ次ニ裝塡シアラザルトキハ裝塡ヲ爲ス

何米突

狙ヘ

打

込メ

狙ヘノ令ニテ兩肘ヲ立テ体ヲ支ヘ左手ハ膝射ノ如クシテ銃ヲ保チ右肘モ近ケテ之レヲ立テ銃把ヲ握リ食指引金ニ掛テ照準ス打及ヒ込メハ前ニ同シ

執銃行進

第三十八　執銃行進ニ在テハ「進メ」ノ號令ニテ銃ヲ擔ヒ行進中ハ左

臂ヲ自然ニ振動ス「止レ」ノ號令ニテ停止シ立銃ヲ爲ス又歩調止メノ行進中生徒ノ勞ヲ減スル爲メ「換ヘ銃」ノ令ニテ左肩ヘ擔ハシムルモ妨ナシ然レ𪜈止レノ令ヲ下サントスルトキハ豫メ右肩ヘ換ヘシムベシ

駈歩ヲ行フトキハ「駈歩」ノ豫令ニテ銃ヲ擔ヒ左臂ヲ伸ハシテ銃劍ノ鞘ヲ握リ前方ニ出ス

退歩及横歩ヲ行フトキハ銃ヲ少シク上ケ之ヲ右腰ニ支フ止レニテ地上ニ落ス

第三十九　行進シ在ルトキ立（膝）射ノ搆ヘヲ取ラシムルニハ左ノ號令ヲ下ス

立（膝）射の搆へ　止レ

「止レ」ノ號令ニテ停止シ次ニ右足ヲ蹈開クト同時ニ（擔銃ノ儘膝姿ヲ取リタル後）擔銃ヨリ立銃ノ一動ニ於ル如ク銃ヲ下ケ之ヲ搆フ其ノ他ノ動作ハ込方ニ同シ

第四十　行進シアルトキ膝（伏）姿ヲ取ラシムルニハ左ノ號令ヲ下ス

膝姿《チリシケ》（伏姿《フセ》）

膝姿ヲ取ルニハ左足ヲ前ニ蹈出シ右膝ヲ地ニ着ケ擔銃ヨリ立銃ノ一動ニ於ル如ク銃ヲ下ケヲ右膝ノ前ニ立テ銃身ヲ後ロニシ右手ニテ持シ左手ヲ左股ノ上ニ置ク伏姿ヲ取ルニハ伏射ノ搆ヘノ如ク伏臥シ（二一ニ在ルトキ前ハ二一歩前進ス）照尺ノ上ニ就キ銃ヲ左前臂ニ載セ槓杆ヲ上ニス

停止間ニ在テモ亦之ニ準ス

第四十一　膝姿或ハ伏姿ニ在ルトキ之ヲ起立或ハ前進セシムルニハ左ノ號令ヲ下ス

　　起テ

　或ハ

　　前ヘ　進メ

「起テ」或ハ「前ヘ」ノ號令ニテ起立シテ（後列兵ハ距離ヲ復ス）立銃ヲ爲ス

第四十二　演習中急ニ行進ヲ要スルトキ「休メ」ノ姿勢ニ在レバ「氣ヲ着ケ」ノ號令ヲ省クヲ得然ルトキハ豫令ニテ直チニ不動ノ姿勢ヲ取ル

可シ

襲歩

第四十三　號令

襲歩に　進メ

豫令ニテ左手ヲ以テ下帯ノ下ヲ握リ左肩ニ寄セ右手ヲ以テ銃把ヲ握リ右腰ニ支ヘ躰ヲ少シク前ニ傾ク

動令ニテ速歩ト同要領ニテ行進シ停止ノ號令アレバ射撃ノ構ヘヲ為ス

襲歩ノ速度ハ一分時間ニ約子百四十歩トシ漸次之ヲ速メテ駈歩ニ至ラシムルモノトス此時銃ニ劍ヲ着シアラザレバ行進中着劍ス

散兵教練

第四十四　散兵敎練ノ目的ハ各生徒ヲシテ散兵ノ動作即地形ヲ利用シテ行進シ停止シ及射擊スルヿヲ了得セシムルニアリ

第四十五　各生徒略〻行進、銃ノ操法、裝塡及射擊ノ方法ニ熟スルトキハ散兵敎練ヲ始ム可シ之カ爲メ最初ニ平易ナル地形ニ於テ故生徒ヲ用イテ散開戰鬪ノ要領ニ就キ單簡ナル方法ヲ說明ス可シ

行進及停止

第四十六　散兵ハ常ニ銃ニ裝塡シ適宜ニ之ヲ提ケ銃口ヲ上ニシ歩度ヲ伸ハシ歩調無ク自由ナル姿勢ヲ以テ運動シ又停止スルトキハ銃ノ最大威力ヲ顯ハシ得可キ位置ヲ撰ミ成ル可ク身躰ヲ掩蔽スルヲ要ス

第四十七　散兵ハ特ニ溝渠、崖岸、墻壁、生籬等ヲ超越、攀登スルヿニ熟ス可シ又各散兵ハ掩蔽シテ潜行シ或ハ僅ニ位置ヲ偏シ或ハ身躰ヲ屈シ或ハ匍匐シテ地物ヲ利用スルヲ要ス然レ𪜈地形ヲ利用スルノ術ハ唯方便タルニ過キス抑〻戰鬪ノ眞目的ハ敵兵ヲ衝突シ之ヲシテ最大ノ損害ヲ被ラシメ假令我損害ハ幾多ナルモ諸種ノ抵抗物ヲ排除シテ其志望ヲ達成スルニアリ故ニ許多ノ塲合ニ於テハ捷路ヲ取ルノ最モ利アルヿヲ銘心ス可シ

射撃

第四十八　諸種ノ景況及姿勢ニ在テ装塡ト共ニ射撃ノ方法ヲ懇篤ニ敎習スルヲ要ス是レ戰鬪ニ於テ散兵ノ動作及射撃ノ實施ニ必要ナレ

バナリ

第四十九　伏姿、膝姿又ハ遮蔽物ノ背後或ハ地物ニ依托スル射撃姿勢ノ適用ハ各人ノ躰格、地形、目標ノ種類及戰鬪ノ景況ニ關スルモノトス

前キニ掲クル伏射、膝射及立射ノ姿勢ノ外左ニ示ス方法ヲ適用ス可シ

第五十　伏射ヲ安全且便利ナラシムル爲メ銃ヲ依托スレバ大ナル價値アリ然レ𪜈銃劍ヲ以テ銃ノ依托物ト爲ス可カラス

依托伏射ハ伏射ノ姿勢ヲ取リ上下兩帶間ニ就テ銃ヲ依托シ左手ヲ以テ銃床尾ヲ握ル其法拇指ヲ內側ニ當テ他ノ四指ヲ外側ニ當テ丶銃ヲ

肩ニ引着ケ躰ハ全ク兩肘上ニ托シ右手ヲ以テ强ク銃把ヲ握リ照準ス
遠距離射擊ニ在テハ銃床尾ヲ下ケ銃口ヲ適宜ノ高サニ擧ク又特別ノ
塲合例ヘハ瞰射ノ如キハ銃ヲ前ニ出シ殆ント下帶ノ下ヲ以テ銃ヲ依
托ス
第五十一　膝射ノ姿勢ニ在テ散兵ハ臀部ヲ右踵ヨリ上ケ肘ヲ托スル
コト無ク射擊スルヲ得此時左手ハ銃ノ重点ヲ握ル
第五十二　樹木ノ後方ニ在ルトキハ立射ノ如ク兩足ヲ置キ成ル可ク右
肩ヲ後ロニシテ射擊ス其樹木巨大ナルトキハ左手ノ前臂ヲ樹幹ニ托シ
小ナルトキハ左掌ヲ樹幹ニ附ス可シ、第一ノ塲合ニハ銃ヲ掌裡ニ置キ
第二ノ塲合ニハ拇指ト食指トノ間ニ托ス然レトモ樹木ハ僅ニ前面ヲ掩

蔽シ側方ヲ掩蔽スルヿ無シ故ニ散兵伏射若クハ膝射ニテ自由ナル射撃界ヲ有セザルトキノミ此射撃ヲ施行スルモノトス

第五十三　胸墻ニ據ル射撃ハ左臀部ヲ崖徑ニ托スルカ或ハ右足ヲ退ケテ身躰ノ左側ヲ内斜面ニ接シ或ハ兩肘ヲ崖徑ニ托シ銃ハ依托伏射ニ於ル如ク胸墻ニ托ス

第五十四　其他墻壁、溝壕、僅少ナル凸凹及生籬等ヲ利用シ敵眼及敵彈ヲ遮蔽シ或ハ銃ヲ依托シ又ハ安全ニ裝塡スルヿヲ敎ユ可シ

第五十五　各人伏臥シテ自由ナル射撃界ヲ得サルトキハ發射ノ際ニノミ巧ニ膝射若クハ立射ノ姿勢ヲ取リ裝塡シタル後再ヒ伏臥ス可シ

第五十六　上ノ諸演習ヲ理解セシムル爲メ敵兵ヲ設置シ遮蔽ノ價値

アルヲ證明ス可シ此演習ノ目的ハ生徒ヲシテ諸種ノ位置ニ於テ一目其地形ノ利害ヲ識別シ之ヲ應用セシムルニ在リ

遮蔽物應用ノ要領ハ射撃ノ効力ヲ主トシ次ニ遮蔽ノ効用ヲ熟慮ス可シ

第五十七　射撃ノ爲メ散兵ヲ養成スルノ要ハ散兵ヲシテ射撃ノ諸規則ヲ遵奉シ精密ニ照準シ沈着シテ射撃スレバ好成績ヲ得ルモノニシテ其不正ナル照準不靜肅ノ射撃ハ効力無キヿヲ了解セシムルニ在リ

第五十八　凡ソ散兵ハ停止間概子伏臥スルヲ要ス然レ𪜈平時演習ノ際衛生上等ノ顧慮ヨリ時トシテハ膝射、伏射ノ姿勢ヲ取ラシメサルヿアリ斯ノ如キ場合ニ在テ指揮官ハ各人ニ如何ナル理由ニ因リ實際

ニ反スル動作ヲ爲スヤヲ明瞭ニ理解セシムルヲ要ス

第五十九　以上ノ演習ト同時ニ射擊ノ學科ヲ實地ニ施シ及距離測量ヲ行フ可シ

第二章　小隊教練

總則

第六十　小隊教練ハ中隊教練ノ一部ニシテ中隊編入ノ準備ヲ爲スヲ以テ目的トス

新ナル生徒ノ各個教練ヲ終リタル後小隊教練ニ移ル爲メ若干ノ生徒ヲ以テ一列或ハ分隊ニ編成シ小隊ノ一部トシテ第二章ヲ施行ス此教練ハ密集隊次ノミナラス散開隊次ノ教練ヲモ行フモノトス但シ號令

中小隊ノ語ヲ分隊ニ換フ之レヲ小隊豫行敎練ト云フ

小隊若クハ之ヨリ大ナル部隊ニ於テ第一列正面ト第二列正面トニ關セス右翼先頭ト左翼先頭トニ係ハラス運動スルヿヲ得而テ常ニ確實且整正ナルヲ要ス

第六十一　停止間ニ於テ隊形及方向ヲ變換スルトキハ歩度ヲ伸ハシ右手ヲ以テ銃ヲ右腰ニ支ヘテ之ヲ行ヒ行進間ニ在テハ駈歩ヲ用イ共ニ歩調ヲ取ルヲ要セス此規則ハ中隊ニモ亦適用ス

第六十二　小隊長ハ敎練間適當ト認ムル所ニ占位スルヲ要ス

密集隊次

小隊ノ編成

第六十三　小隊ハ各人身幹ノ順序ニ隨ヒ二尺（前列兵ノ背若クハ背嚢ヨリ）ノ距離ヲ隔テ、二列ニ編成シ其前後ニ立チタル二人ヲ一伍ト謂フ各伍中其長大ナル生徒ヲ第一列ニ置ク小隊ノ人員奇數ナルトキハ左翼ノ第二列ヲ缺ク之ヲ缺伍ト謂フ

後列生徒ハ正シク前列生徒ニ重ナリ同方向ニ位置ス

各生徒ノ間隔ハ左手ノ拇指ヲ後ロニシ其他ノ四指ヲ前ニシ之ヲ革帶ニ當テ食指ヲ水平ニナシ肘ヲ側方ニ張リ已レノ右臂ヲ以テ輕ク隣人ノ左肘ニ觸ル、ヲ度トシ之ヲ以テ總テ整列ノ基礎トス

小隊ノ各伍ハ第一列正面ニ在テ右ヨリ左ニ番號ヲ附ス

小隊ヲ分チテ若干ノ分隊ト爲シ其分隊ハ小隊中ニ於テ右翼ヨリ順序

ニ番號ヲ附ス其分隊ノ人員ハ八伍乃至四伍トス
小隊ノ兩翼第一列ニ二名ノ(下士)ヲ置ク其右翼ニ在ル者ヲ右翼下士ト謂ヒ其左翼ニ在ル者ヲ左翼下士ト謂フ其他ノ下士ハ分隊ノ中央後第二列ヨリ二歩ノ地ニ位置ス之ヲ押伍ト謂フ以上ノ下士ハ散開隊次ニ移ルトキ分隊ヲ指揮ス此下士ニハ生徒中最モ熟練ノモノヲ撰フヘシ

整頓

第六十四　整頓完全ナルトキ各人ハ整頓線上ニ制規ノ姿勢ヲ取リ頭ヲ整頓翼ニ右(左)轉スルトキ右(左)眼ヲ以テ其右(左)隣人ヲ目視シ他眼ヲ以テ全線ヲ通視スルヲ得可シ
各人整頓線ニ就クトキハ上体ヲ前後ニ出スヿ無ク正シキ姿勢ヲ以テス

ルヲ要ス若シ生徒中足ノ位置正シカラサル者アルトキハ之カ爲メ兩肩整頓線ニ在ラスシテ其害自己ニ止マラス必ス隣人ニ及フモノナリ此ノ如キ者ハ先ツ両足ヲ見セシメテ之ヲ修正シ遂ニ各人ヲシテ整頓ノ要領ヲ會得シ整頓ノ正否ヲ自ラ識別シ得ルニ至ラシム可シ然ルトキハ迅速且正當ニ整頓シ敎官屢〻「前ヘ」或ハ「後トヘ」ト呼ヒ各人ヲ進退セシムルヿ無キニ至ル可シ

総テ準ヘノ令ニテ整頓セシトキハ必ス直レノ令ヲ下シテ頭ト手ヲ舊ニ復ス其他ノ塲合ニアリテハ整頓翼ノ方ヨリ逐次ニ頭ト手ヲ舊ニ復スルモノトス

第六十五　整頓ノ要領ヲ知ラシムルニハ先ツ基礎ヲ出シ之ニ整頓セ

シム之カ為メ左ノ號令ヲ下ス

右(左)二伍《フタヾミ》(二八)三歩前へ　進メ

右(左)翼下士及右(左)翼二伍(二八)ハ三歩前進シ四ニテ左手上ケ頭ヲ向ケ五ニテ其二伍(二八)ハ翼下士ニ整頓ス小隊長ハ其整頓ヲ正ス

次ニ左ノ號令ヲ下ス

右(左)へ　準へ

直レ

「準へ」ノ號令ニテ各生徒ハ三歩前進シ最後ノ一歩ヲ縮メ整頓線ノ後方約子六寸五分ノ所ニ止マリ次四ニテ頭ヲ右(左)ニ廻ワシ左手ヲ上ケ五ニテ膕ヲ伸ハシ小歩ヲ蹈ミ靜ニ整頓線ニ就ク翼下士ハ已レニ近

キ者ヨリ逐次ニ整頓ヲ正シ後列ハ正シク前列ニ重ナリテ距離ヲ取リ
押伍列ハ後列ヨリ距離ヲ取リ一伍ニ重ナリテ位置ス執銃ノ䏻ハ少ク
上ケテ腰ニ支ヘ三歩前進ス整頓畧正キト考フル䏻銃ヲ地上ニ置キ直
ノ令ヲマツ「直レ」ノ號令ニテ各生徒ハ頭ヲ正面ニシ左手ヲ下ス

第六十六　後方ニ整頓スルモ亦同法ヲ以テ行フ生徒ハ整頓線ヲ後方
ニ蹈越ヘテ止マリ次ニ小歩ニテ整頓線ニ就クモノトス之カ爲メ左ノ
號令ヲ下ス

右（左）二伍（二八）四歩後とへ　進メ

後ろ右（左）へ　準へ

直レ

準ヘ令ニテ生徒ハ五歩退歩ヲナシ六ニテ頭ヲ右(左)ヘ向ケ左手ヲ上ケ七ニテ一歩摺歩ニテ前進シテ整頓シ「直レ」ニテ頭ヲ正面ニシ左手ヲ下ス

第六十七　翼下士ヲ前進セシメテ整頓ヲ行フニハ左ノ號令ヲ下ス

嚮導　線ヘ

右(左)ヘ　準ヘ

直レ

「嚮導線ヘ」ノ號令ニテ二名ノ翼下士ハ三歩前進シ小隊ハ其位置ヲ長正ス「準ヘ」ノ號令ニテナス生徒ノ動作ハ前ニ同シ此時整頓ニ反スル方ナル左(右)翼下士モ要スレハ已レニ近接スル二三名ノ生徒ヲ低聲

ニテ進退セシメ以テ第一列ノ整頓ヲ補助ス

第六十八　其位置ニ於テ小隊ノ整頓ヲ正スニハ左ノ號令ヲ下ス

右(左)へ　準へ

直レ

第六十九　整頓ハ前後ニ於テ平行或ハ斜行ニ行フモノトス

小隊ノ背面向

第七十　號令廻われ　右

「右」ノ號令ニテ小隊ハ各個教練ノ如ク背面ニ向キ缺伍及翼下士ハ前列ニ就ク

第七十一　停止或ハ行進セルトキ押伍列ヲ後方ニ移スニハ左ノ號令ヲ

下ス

押伍後ヘ

各押伍ハ斷歩ヲ取リ最近ノ翼ヲ經テ後列ノ後方ニ至リ舊位ニ對ス

銃ノ操法及銃劍ノ着脫

第七十二 銃ノ操法ハ小隊擧テ之ヲ行ヒ且齊一ナルヲ要ス

銃劍ノ着脫ハ各人成ル可ク速ニ施行スルモノトス翼下士ノ任アルモノ及ヒ押伍モ生徒ト共ニ銃ノ操法及銃劍ノ着脫ヲ爲ス

叉銃及解銃

第七十三 號令

組め 銃

奇數伍ノ前列生徒ハ左手ヲ以テ上帶ノ下ヲ握リ床嘴ヲ右足尖ヨリ床尾鈑ノ長サ丈ケ離シ銃身ヲ前ニ向ケ右手ヲ放チ銃ヲ左方ニ傾ク

偶數伍ノ前列生徒ハ左手ヲ以テ上帶ノ下ヲ握リ床尾踵ヲ左足尖ヨリ床尾鈑ノ長サ丈ケ離シ銃身ヲ後ロニ向ケ右手ヲ放チ銃ヲ右方ニ傾ケ右隣兵ノ槊杖ト交叉ス

奇數伍ノ後列生徒ハ左手ヲ以テ下帶ノ上ヲ握リ兩手ヲ以テ銃ヲ上ケ右足ヲ蹈出シ既ニ組ミタル前列ノ槊杖ニ交叉シ床尾踵ヲ左隣人トノ間隔ノ中央ニ置ク

偶數伍ノ後列生徒ハ左手ヲ以テ上帶ノ下ヲ握リ銃身ヲ右斜メニシ左足ヲ蹈出シ既ニ組ミタル槊杖ノ左ニ寄セ掛ク

第七十四　號令

解け　銃

豫令ニテ偶數伍ノ後列生徒ハ右手ヲ以テ其銃ヲ執ル其他ノ三名（奇數伍ノ後列ハ右足ヲ蹈出シ）ハ左手ヲ以テ上帶ノ下右手ヲ以テ下帶ヲ握ル動令ニテ銃ヲ上ケ交叉ヲ解キ各不動ノ姿勢ヲ取ル

裝塡

第七十五　裝塡ハ毎兵熟達ノ度ニ應シ成ル可ク迅速ニ施行スルヲ要ス但シ下士ハ要スルトキノミ之ヲ行フ

「込方」ノ號令ニテ後列ハ約子五寸位ヒ右方ニ倚ルト同時ニ前列ヨリ八寸三分位ヒノ距離ニ開メ「銃」ノ號令ニテ右翼下士ハ半右向ヲ爲シ

裝塡終ル後「直レ」ノ號令ニテ右翼下士及後列ハ舊位ニ復ス

射撃

第七十六　小隊ノ正面ハ標的ニ對スル方向ト成ル可ク直角ナルヲ良トス故ニ要スルトキハ豫シメ方向變換ヲ行フヘシ

第七十七　射撃ヲ分チテ一齊射撃、各個射撃トス

第七十八　小隊長ハ實包射撃ニ在テハ射撃ノ効力ヲ觀測スルニ便宜ナル地ニ占位ス可シ

下士ハ立射ニ在テハ立銃ヲ爲シ（右翼下士ハ半右向ヲ爲ス）膝射伏射ニ在テハ膝姿伏姿ノ姿勢ヲ取ル又射撃ハ要スルトキノミ之ヲ施行ス

第七十九　「立（膝）射ノ搆ヘ」ノ號令ニテ後列ハ込方ノ如ク距離ヲ閉

チ次ニ「銃」ノ號令ヲ下ス
第八十　小隊行進シ在ルトキ速ニ射擊セシムルニハ左ノ號令ヲ下ス
立(膝)射の構へ　止レ(廻われ右へ　止レ)
「止レ」ノ號令ニテ小隊ハ停止(右轉回ヲ爲シ)シ後列ハ距離ヲ閉チ銃ヲ構ヘ押伍列火線前ニ在ルトキハ押伍後トヘト令シ後列ノ後方ニ移ラシム
第八十一　一齊射擊號令ノ一例
前面に顯はれたる縦隊
立(膝)射の構へ　銃
七百米突(七百八百米突)「二列ノトキハ前列ハ七百後列ハ八百ノ

如シ」

狙へ

打

込メ

續キテ射擊セシムルニハ左ノ號令ヲ下ス

狙へ

打

込メ

混用照尺ハ通常前列ハ低キ照尺後列ハ高キ照尺ヲ取ルモノトス散開セシトキモ亦之ニ準ス

第八十二　各個射擊號令ノ一例

森の右に在る砲兵

立(膝)射の搆へ　止レ

八百米突

並《ナミ》ニ打カ丶レ

「並ニ打カ丶レ」ノ號令ニテ各生徒ハ隨意ニ射擊ヲ行ヒ次ニ裝塡シ續キテ射擊ヲ行フ

猛烈ナル射擊ヲ行ハシムルニハ「急キ打カ丶レ」ノ號令ヲ下ス各生徒ハ同法ヲ以テ爲シ得ル丈ケ迅速ニ射擊ヲ行フ

第八十三　射擊ヲ止ムルニハ左ノ號令ヲ下ス

打方止メ

小隊ハ彈藥ヲ抽出シ立銃ヲ爲ス「直レ」ノ號令ニテ右翼下士及後列ハ舊位ニ復ス

第八十四　伏射ハ一列ニテ行フモノトス

第八十五　四列射撃ヲ行ハシムルニハ左ノ號令ヲ下ス

四列作れ（左へ四列作れ）

四列打方

搆ヘ　銃

「四列作れ」ノ號令ニテ右（左）下翼士ハ其儘各伍ハ右（左）向ヲ爲シテ重複シテ四列側面トナリ次ニ距離ヲ閉チテ正面ヲ爲シ右（左）へ整頓シ

逐次手ヲ下ス

「四列打方」ノ號令ニテ第二第四列ハ込方ノ如ク右方ニ寄テ距離ヲ取ル

「銃」ノ號令ニテ前方二列ハ膝射後方二列ハ立射ノ構ヘヲ爲ス

射擊ヲ終リ二列ニ復スルニハ「二列作れ」ノ號令ニテ各人ハ反對ノ順序ヲ以テ舊位ニ復ス

横隊ノ正面行進

第八十六　行進ハ常ニ右方ニ嚮導ヲ取ル若シ左方ニ取ルトキハ特ニ之ヲ示スモノトス

小隊長ハ行進目標ヲ右（左）翼下士ニ示シテ後左ノ號令ヲ下ス

前へ　進メ

次ニ要スレハ左ノ號令ヲ下ス

嚮導左

小隊ハ一齊ニ行進ヲ起シ嚮導ニ準フテ正面ト直角ニ行進シ嚮導ハ列中ニ關スルヿ無ク正シク制規ノ歩長ト速度トヲ保チ目標ニ向フテ前進ス

各生徒ハ嚮導ノ方ニ整頓スル爲メ頭ヲ轉スルヿナク常ニ隣人ニ注意スルヲ要ス然レモ一般ニ整頓ハ歩長及速度ノ齊一ナルト間隔ノ保存トニ依テ保持シ得ルモノトス

第八十七　行進中嚮導ヲ他翼ニ取ルヲ要スルトキハ「嚮導左（右）」ノ號

令ヲ下ス

第八十八　背面行進ヲ爲サシムルニハ廻レ右ニテ小隊ヲ背面ニ向カシメ正面行進法ニ從テ行進セシム

第八十九　正面行進ニ在テ各人ノ遵守ス可キ規則左ノ如シ

一嚮導ハ何レノ方ニ在ルモ常ニ頭ヲ正シク保ツ可キ〻

二整頓翼ヨリ押來ルトキハ之ニ從ヒ反對ノ方ヨリ押來ルトキハ之ニ抵抗ス可キ〻

三整頓線ヨリ進ミ或ハ後レ又ハ間隔ヲ失フタルトキハ漸次ニ整頓線ニ就ク可キ〻

四若シ歩ノ違フトキハ速ニ嚮導ノ方ナル隣兵ノ歩ニ準フ可キ〻

第九十　長距離ノ善良ナル正面行進ハ總テ密集部隊ノ運動ノ基礎トス

斜行進

第九十一　號令

斜めに右(左)へ　進メ

各個教練ノ如ク動作ス

斜行進ノ方向ハ正面ト四十五度ノ角ヲ爲スヲ要ス(半右向ノ方向)

斜行進ニ在テハ各人ノ肩ハ隣人ノ肩ト平行シ且其頭ヲ以テ同列人ノ頭ヲ掩フ如ク其度ヲ定ムルモノトス

各人ハ常ニ斜行スル方ニ整頓ス可キモノトス

第九十二　再ヒ正面行進ニ復スルニハ左ノ號令ヲ下ス

前ヘ　進メ

斜行進ト反對ニテ正面行進ニ復ス

駈歩、襲歩

第九十三　兵卒正面行進及斜行進ニ熟スル𪜈ハ駈歩ヲ以テ此運動ヲ行ハシム可シ

第九十四　小隊ヲシテ襲歩ヲ爲サシムルニハ各個教練ノ襲歩ノ要領ニ從フヘシ

小隊ノ停止

第九十五　小隊ヲ停止スルニハ左ノ號令ヲ下ス

小隊　止レ

各生徒ハ停止シテ各自ニ嚮導ノ方ニ整頓シ整頓翼ノモノヨリ逐次ニ頭ヲ正面ニシ左手ヲ下ス

行進間ノ背面向

第九十六　小隊行進セルキ之ヲ止ムルヿ無ク背面行進ヲ行ハシムルニハ廻れ右前ヘ進ト令シ生徒ハ各個教練ノ如クナシ要スレハ「嚮導左」ノ號令ヲ下ス

背面向ヲ爲スト同時ニ停止セシムルニハ廻れ右ヘ止レト令シテ施行シ生徒ハ各自ニ嚮導ノ方ニ整頓ス

退歩

第九十七　退歩ハ各個敎練ト同法從テ施行シ要スレハ「嚮導」左ノ號令ヲ下ス

方向變換

第九十八　號令

右（左）に方向《ムキ》を換へ　進メ

停止間ニ在テハ右（左）翼下士ハ右（左）向ヲ爲シ各生徒ハ半右左向ヲ爲シ銃ヲ腰ニ上ケ次ニ左足ヨリ發進シ歩度ヲ伸ハシ捷路ヲ經テ逐次ニ新整頓線ニ到テ停止

停止間ノ方向變換

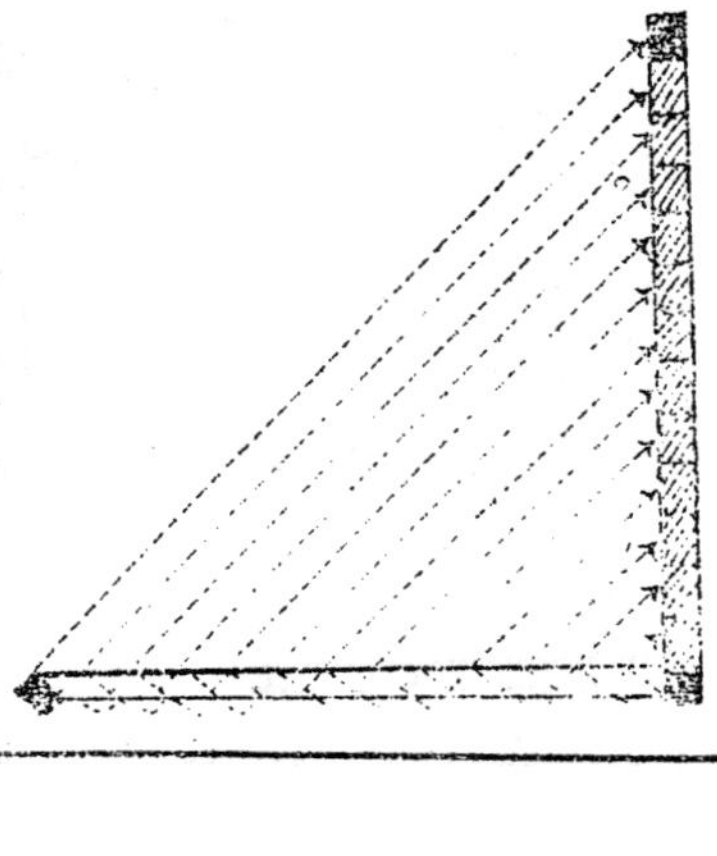

シ其旋軸ナル右左隣生徒ノ方ニ整頓ス

行進間ニ在テハ右（左）翼下士ハ右（左）向ヲ爲シ續キテ行進シ各生徒ハ上ノ方法ニ準シ擔銃ノ儘劍鞘ヲ握リ駈歩ニテ新線ニ就キ右（左）隣ニ準フテ行進ス

第九十九　停止間小角度ノ方向變換ヲ行フニハ方向ヲ變換ス可キ方

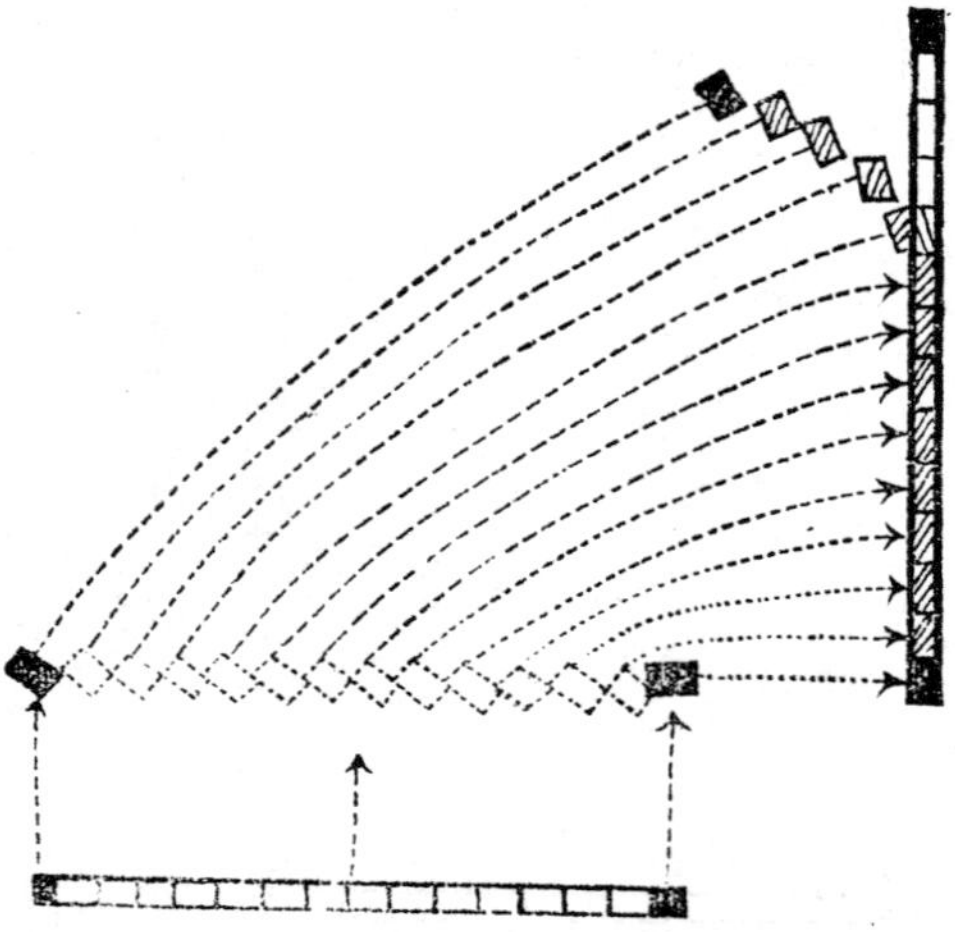

ニ在ル翼下士ニ新目標ヲ示シ上ノ方法ニ從テ施行ス

行進間方向變換ノ角度微小ナルトキハ「目標《メアテ》右(左)」ノ號令ヲ下ス嚮導新目標ニ向フテ行進シ各生徒ハ反對ノ肩ヲ少ク前ニシ步度ヲ伸縮シ新線ニ就ク

側面行進

第百　號令

右(左)向け　右(左)

前へ　進メ

「右(左)」ノ號令ニテ一小隊ハ右(左)向ヲ爲シ次ニ二偶數生徒(奇數生徒)ハ奇數生徒(偶數生徒)ノ右(左)ニ出テ、四(二)生徒相並ヒ輕

ク其肘ヲ接シテ前列ノ方ニ整頓ス

「進メ」ノ號令ニテ小隊ハ行進ヲ起シ各八常ニ前列ノ方ニ整頓シ嚮導ノ後ロニ在ルモノハ正シク其跡ニ就キテ行進シ其他ノ生徒ハ列中ニ在テ互ニ重ナリ其直ク前ニ在ルモノノ頭ヲ以テ其前方各生徒ノ頭ヲ盡ク掩フ如ク行進ス

側面行進ニ於テ先頭四(二)生徒ノ整頓不正ナルトキハ其害各列ノ整頓ニ及フモノトス「重復ハ列ノ内方ニ於テスルモノトス」

小隊ヲシテ伍ヲ重複スルヿ無ク側面行進ヲ行ハシムルヿヲ得然ルトキハ豫メ其旨ヲ告論シ(其儘)更ニ右向ケ左向ケノ令ヲ下スヘシ

側面行進間、伍ノ分解及重複

第百一　伍ヲ分解スルニハ左ノ號令ヲ下ス

伍〻解《クミクミワカ》れ　進メ

各列中重複シタル生徒ハ歩ヲ縮メテ已レノ舊位置ニ入リ後列ハ其前列ノ方ニ整頓ス

第百二　伍ヲ重複スルニハ左ノ號令ヲ下ス

伍〻併《アワ》せ　進メ

此令ニテ側面行進ノ如ク重複ス

伍々方向變換

第百三　停止或ハ行進セルトキ左ノ號令ヲ下ス

伍〻左(右)へ　進メ

先頭伍ハ小ナル環形ヲ歩ミ常ニ旋回軸ノ方ニ整頓シツヽ左(右)ニ方向ヲ變ヘ行進翼ニ在ルモノハ制規ノ歩長ヲ以テ行進シ旋廻軸ニ在ルモノハ最初ノ數歩ヲ縮メ各伍ハ其先キナル伍ト同所ニ到リ同法ヲ以テ方向ヲ變換ス

停止及正面向

第百四　號令

小隊　止レ

左(右)ヘ　正面

「止レ」ノ號令ニテ小隊ハ停止シ動クヿ無シ「正面」ノ號令ニテ左(右)方ニ向キ伍ヲ解キ各自ニ嚮導ノ方ニ整頓シ整頓終レハ左手ヲ下ス

小隊ヲ停止シ直チニ正面ニ向カシムルニハ左ノ號令ヲ下ス

左(右)向け　止レ

行進間右(左)向

第百五　號令

右(左)向け前へ　進メ

各伍右(左)向ヲ爲シ重復或ハ分解ス

小隊正面行進ニ復シタルトキ要スレハ「嚮導左」ノ號令ヲ下ス

第百六　跑歩ヲ以テスル側面行進ノ要領ハ速歩行進ニ異ナルヿ無シ

側面縱隊ヨリ横隊ニ及横隊ヨリ側面縱隊ニ

移ル

第百七　停止或ハ行進セル側面縱隊ヲ横隊ニ編成スルニハ左ノ號令ヲ下ス

左（右）ヘ並ヒ　進メ

先頭ニ在ル下士ハ動カサルカ（或ハ續キテ行進シ）各生徒ハ伍ヲ解キ右（左）肩ヲ前ニ出シ歩度ヲ伸ハシ（或ハ駈歩ニテ）捷路ヲ經テ）逐次ニ新線ニ就キ右（左）隣生徒ニ整頓スル

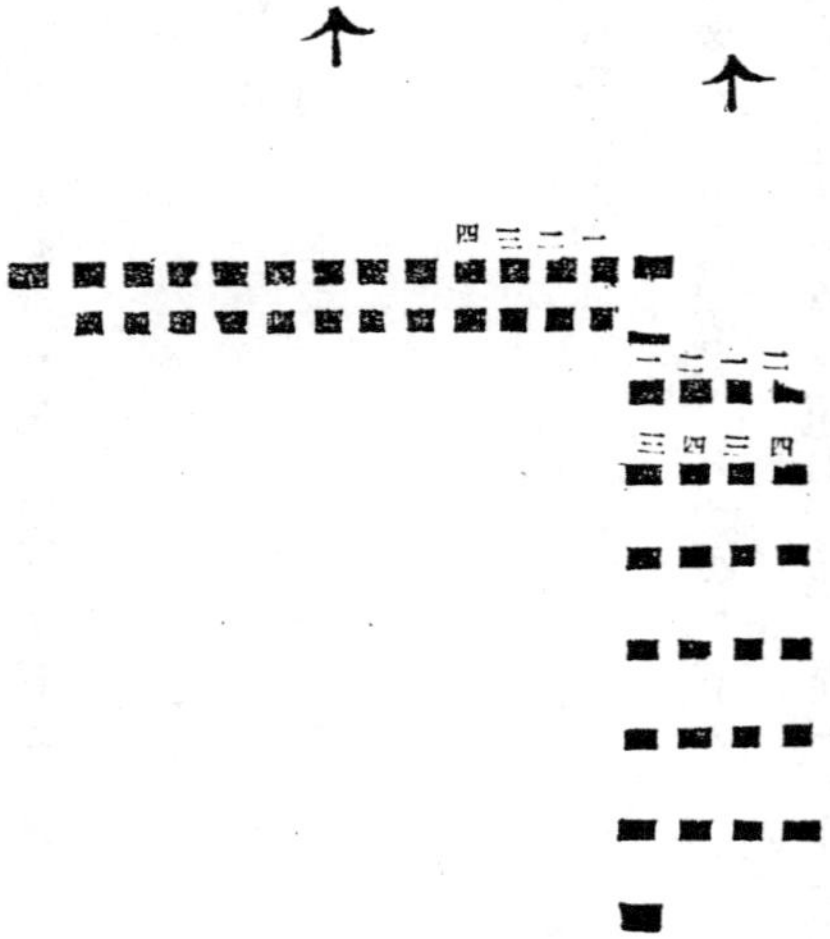

カ（或ハ之ニ準フテ行進ス）

第百八　横隊ニ在テ行進セル小隊ヲ同方向ニ側面縦隊ニ移スニハ左ノ號令ヲ下ス

右（左）向け伍々左（右）へ　進メ

右（左）側面向ヲナシ直ニ左（右）ノ伍々方向變換ヲナス

二列ヨリ一列ニ及一列ヨリ二列ニ移ル

第百九　停止或ハ行進セルトキ二列ヨリ一列ニ移ラシムルニハ基準伍（通常中央伍）ヲ示シテ左ノ號令ヲ下ス

一列に　進メ

基準伍ハ動カサルカ（或ハ續キテ行進ス）其他ノ諸伍ハ左右ニ横歩（或

ハ斜行進ヲ爲シ）所要ノ間隔ヲ取リ後列ハ前列ノ左ニ出テ各自ニ基準ノ方ニ整頓シ（或ハ之ニ準フテ行進ス）逐次左手ヲ下ス

第百十　二列ニ復スルニハ基準ヲ示シテ左ノ號令ヲ下ス

二列に　進メ

一列ニ移ルト反對ノ順序ヲ以テ二列ヲ編成ス即ス偶數ノモノハ奇數ノ後ニ至リ後列トナリ一伍ヲナス

解列及集合

第百十一　叉銃ヲ爲シタル後或ハ銃ヲ携ヘタル儘解散セシムルニハ左ノ號令ヲ下ス

解《ワカ》れ　進メ

進メノ令ニテ各生徒ハ不動ノ姿勢ノ儘少シク体ノ上部ヲ前ニ傾ケ教官ノ方ヘ注目シ禮ヲ表シテ解散ス叉銃ヲ爲シテ解散シタルトキ各生徒ハ叉銃ニ觸ルヽヲ禁ス又成ル可ク叉銃ノ後方ニ於テ休ミ決シテ叉線ヲ横斷ス可カラス

第百十二　小隊ヲ集合スルニハ左ノ號令ヲ下ス

集マレ

各生徒ハ直チニ叉銃ノ所ニ集マリ靜肅ニ已レノ位置ニ就クカ或ハ銃ヲ携ヘタルトキハ速ニ小隊長ノ許ニ集マリ之ニ面シ番號ノ順序ニ隨ヒ二列トナリ各自右方ニ整頓ス

以下散開隊次ニアリテハ各生徒ヲ兵卒ト見倣シ勉メテ戰鬪術ニ基キ

テ之レヲ記載セリ讀者之レヲ諒セヨ

散開隊次

第百十三　散開隊次ノ敎練モ亦各個敎練ヨリ直チニ小隊ノ敎練ニ移ルヿ無ク先ツ若干ノ兵卒或ハ分隊ヲ以テ敎練スルヲ要ス此敎練ニ當リ各散兵ハ小隊ノ一部トシテ其動作ヲ習得シ啻ニ其長ノ指揮ニ從フノミナラス尙ホ停止及行進間ニ於テ其隣兵ヲ顧慮スルヲ要ス

第百十四　野外ニ於テ運動スル各散兵ヲシテ遮蔽物ヲ利用セシムルニハ散開戰鬭ノ領要ニシテ指揮官ノ殊ニ注意ス可キ所タリ然レモ何等ノ塲合ニ於テモ一二兵卒ノ遮蔽ヲ顧慮シテ全隊一致ノ運動ヲ妨クルヿ無キヲ要ス

此理由ニ基キ連繫スル散兵ノ運動ハ教練ノ最モ必要ナル事件トス

散兵線ノ伸張ト稠密トニ隨ヒ其施行益〻困難ナルモノナリ故ニ最初ノ教練ハ其線ヲ短クシ且疎散ナラシムルヲ要ス

第百十五　散兵線ノ諸運動ハ密集隊ノ如ク極メテ齊整ナル能ハス是レ地形及戰鬪ノ景況ニ應スレハナリ

散開

第百十六　散開ハ順序ヲ正シクシ靜肅ヲ以テ諸種ノ隊形ヨリ迅速ニ諸方向ニ施行ス可シ

散開スルヰ各散兵ノ間隔ハ一步乃至二步ヲ定規トス

第百十七　停止或ハ行進セル小隊ノ全部若クハ其一部ヲ前方ニ散開

スルニハ左ノ號令ヲ下ス

散れ

中央ニ在ル一伍ハ眞直ニ前進シ其他ノ諸伍ハ駈歩ヲ以テ右左ニ斜行進ヲ爲シ後列兵ハ其前列兵ノ左側ニ出ツ

一翼又ハ某伍ヲ基準トシテ散開スルヿヲ得

散兵ハ「止レ(膝姿)(伏姿)」ノ號令アルマテ前進ス

第百十八　其位置ニ於テ散開スルニハ左ノ號令ヲ下ス

右左(右)(左)向け散れ

基準伍ハ動カサルカ或ハ停止シ其他ノ諸兵ハ左側ニ出ツ

第百十九　退却セル小隊ヲ散開スルニ先ツ正面ニ轉回セシメ次ニ散

開ノ號令ヲ下ス

第百二十　側面縱隊ニテ停止或ハ行進セル小隊ヲ散開スルニハ左ノ號令ヲ下ス

左（右）ヘ散れ

先頭伍ハ行進ヲ起スカ或ハ續キテ行進シ其他ノ諸伍ハ分解シ駈歩ヲ以テ左（右）ニ斜行進ヲ爲シ捷路ヲ經テ新線ニ就キ散開ス

第百二十一　定規外ノ間隔ニ散開スルニハ「散れ」ノ前ニ「何歩に」ノ號令ヲ加フ可シ

斜方向ニ散開スルニハ側ヘハ「一本松に向ひ散れ」ノ號令ヲ下ス

第百二十二　時機ニ由リ分隊ニ展開スルニハ散開ト同要領ニ從フ之

カ爲メ基準分隊ヲ示シテ左ノ號令ヲ下ス

何步に開け

或ハ

右左(右)(左)向け何步ヨ開け

基準分隊ハ行進シ或ハ停止シ其他ノ分隊ハ駈步ヲ以テ斜行進或ハ重複セサル側面行進ヲ爲シ間隔ヲ得ルニ從ヒ分隊長ノ號令ヲ以テ正面向ヲ爲シ基準分隊ノ方ニ準フ總テ運動スル分隊ハ銃ヲ擔フモノトス

分隊長ハ分隊ノ中央前ニ位置ス

散兵線ノ運動

第百二十三　散兵線ノ行進ハ通常ノ行進速度ヲ用ユ可シ

前進或ハ退却セシムルニハ左ノ號令ヲ下ス

　前(後と)へ

斜行進ヲ爲サシムルニハ左ノ號令ヲ下ス

　斜めに右(左)へ

行進間ハ强テ整頓及定間隔ヲ墨守スルヲ要セス運動ヲ起スニ方リ射擊中ニ在レハ各散兵ハ銃ニ裝塡シ表尺ヲ倒シ其長ヲ基準トシテ行進シ小隊長及分隊長ハ其部下ノ中央前敵方ニ位置スルヲ要ス

急速ニ行進セシムルニハ左ノ號令ヲ下ス

　前(後と)(斜めに右)(左)へ　駈步

行進間ニ在テハ單ニ「駈步」ノ號令ヲ下ス

行進スル散兵ヲ停止スルニハ左ノ號令ヲ下ス

止レ（膝姿）（伏姿）

各散兵停止スレハ常ニ敵方ニ面シテ射撃ノ構ヘヲ爲シ小隊長及分隊長ハ其部下ノ後方適宜ノ所ニ位置ス

第百二十四　停止或ハ行進セル散兵線ノ方向ヲ變換スルニハ新目標ヲ示シ左ノ號令ヲ下ス

右（左）に方向を換へ

軸翼ノ分隊長ハ右（左）ノ二兵ヲ其方向ニ停止セシメ各散兵ハ駈歩ニテ新線ニ倒リ停止ス

微小ナル角度ノ方向變換ハ號令ヲ用ヒス部隊長ノ誘導ヲ以テ之ヲ行フヲ得

第百二十五　梯隊ヲ以テ躍進ヲ行フニハ部隊ヲ指示シタル後左ノ號令ヲ下ス

躍進　前ヘ

「躍進」ノ號令ニテ指示サレタル部隊ノ散兵ハ裝塡ヲ了リ表尺ヲ倒シ前進ノ準備ヲ爲ス

「前ヘ」ノ號令ニテ散兵ハ駈歩ヲ以テ「伏姿（膝姿）（止レ）」ノ號令アルマテ躍進ス其一躍進ノ距離ハ通常百米突ヲ超ユルヿ無シ

躍進ハ通常散兵線ヲ二部ヨリ多ク區分セサルモノトス

散兵線ノ射擊

第百二十六　散兵線ノ射擊ハ常ニ停止シテ行フモノニシテ或ハ並ニ

或ハ徐カニ或ハ急ニ又ハ一齊ニ之ヲ行フ

第百二十七　各兵卒ヲ〆其長ノ指揮及隣兵ノ景況ニ應シ散兵線上ニ於テ射撃ノ爲〆最良ノ位置ヲ撰定スルニ熟達セシムルハ數多ノ演習ヲ要スルモノトス但シ一地ニ於テ左右ニ運動スルハ成ル可ク之ヲ避クルヲ要ス

何等ノ時ト雖モ命セラレタル照尺ハ最モ精密ニ装置スルヲ要ス

第百二十八　號令ノ言詞ハ勉メテ短簡ニシ最初ニ方向、目標次ニ照尺終リニ射撃ノ種類ヲ定ムルヲ要ス目標ノ名稱ハ各兵卒ヲシテ誤解セシムルカ如キヿヲ避ク可シ、敵軍ノ部隊ヲ指示スルニハ直接ニ散兵ノ目撃セル者ヲ以テス可シ例ヘハ砲隊ノ左翼ト唱ヘスシテ右ノ

砲車ト唱フルカ如シ
遠隔シタル分隊長ハ其號令ヲ復令ス可シ
一齊射擊號令ノ一例
前面の山の上にある右の砲車
八百九百米突
狙へ
打
込メ
散兵射擊號令ノ一例
前面に伏したる散兵

五百米突

徐《シツ》カニ(並ニ)(急キ)打カ、レ

散兵ハ徐カナル射撃ニ於テハ通常其隣兵ト共同シテ動作ス可シ例ヘハ甲卒射撃スルトキハ乙卒其弾着ニ注目シ甲卒装塡シタル後乙卒發射スルカ如シ並及急射撃ニ在テハ此交互射撃ヲ廢シ各兵卒ハ第八十五ニ示セル速度ヲ用ヰ目標ヲ熟視シ若クハ敵前ニ起ル硝烟ヲ認メ射撃ヲ續行ス可シ

第百二十九　射撃ヲ中止スルニハ「打方待《マ》テ」ノ號令ヲ下スカ或ハ聲音ノ達セザルトキハ小笛ヲ用ユ可シ各散兵ハ銃ニ装塡シ姿勢ヲ變スルコトナク次ノ號令ヲ待ツ

第百三十　射擊ヲ中止シタル後更ニ同一ノ目標ヲ射擊セシムルニハ左ノ號令ヲ下ス

並ニ（徐カニ）（急キ）打カヽレ

第百三十一　照尺或ハ射擊速度ヲ變換スルニハ左ノ號令ヲ下ス

何百米突

並ニ徐カニ急キ打カヽレ

或ハ

並ニ（徐カニ）（急キ）打カヽレ

第百三十二　目標或ハ照準點ヲ變換スルニハ例ヘハ左ノ號令ヲ下ス

斜め右の森に據る散兵

或ハ

頭を狙へ

第百三十三　射撃ノ効力ハ正シク銃ヲ使用スルノ外、射距離、射撃界中ニ在ル目標ノ位置、其大小、厚薄、疎密及天候ニ關スルモノトス

少時間ニ於テ猛烈ニ一目標ニ集射シ射撃ノ威力ヲ逞フスルニ隨ヒ敵兵ノ志氣ヲ沮喪スルヿ益〻大ナルモノナリ

第百三十四　射撃ノ指揮ハ勉メテ長ク持續ス可シ銃器ノ眞價ヲ得ルハ指揮官之ヲ手裏ニ掌握スルニ在リ又射撃ノ指揮ヲ容易ナラシムルニハ成ル可ク小隊ヲ集結シ比隣小隊ト離隔シテ一區域ヲ占領スルヲ要ス

距離ヲ確實ニ判定ス可キ時間又ハ機會無キトキハ其近傍ニ於テ射撃スル砲兵或ハ歩兵アラハ之ニ諮問シ又ハ地圖ヲ案シ若クハ目測ヲ以テ距離ヲ測定スルヲ要ス

屢〻目標ヲ變換スルトキハ射撃ヲ錯亂ス故ニ宜シク之ヲ避ク可シ

第百三十五　射撃ノ緩急ハ戰鬪ノ目的、目標ノ景況及彈藥ノ現數ニ從テ規定ス可シ又散兵線前ノ硝烟及天候ニ因リ射撃速度ヲ規正ス可キヿ屢〻是レアリ

中距離ニ在ル低キ目標ニ對シテハ徐々ニ射撃スルヲ要ス急射撃ハ近距離ニ於テ少時間有利ノ目標ニ對スルトキノミ施行シ砲兵ニ對スルトキハ八百米突ノ距離ニ於テモ尚ホ猛烈ナル射撃ヲ行フヿアリ

一齊射撃ハ單隊ヲ確實ニ掌握シ彈着點ヲ識認シ照尺ノ撰定ヲ容易ナラシムルノ利アリ然レ𪜈戰鬭ノ喧噪ナルニ當テハ密集小隊ト雖𪜈尚ホ聲音ヲ達セシムルヿ難シ况シテ散開スル小隊ニ於テハ一層困難ナリトス故ニ一齊射撃ハ戰鬭ノ始ニ於テ有効ナル敵ノ射撃ヲ被ムラサル少時間ニ應用スルニ過キサルモノトス

散兵線ノ射撃ハ散兵射撃ヲ用ユルヲ常トス蓋シ最大ノ効力ヲ得ルハ此射撃ニ若クモノ無シ是レ各兵卒精密ニ照準シ好機會ヲ待チテ發射スルヿヲ得レハナリ

第百三十六　射撃軍紀トハ火戰中各兵卒命令ヲ確實ニ實行シ銃ノ取扱ヲ嚴守シ戰鬭ノ法則ヲ遵奉スルヲ謂フ、即敵火ノ下ニ在テ之ニ應射セサルキト雖モ自若トシテ停止セサル可カラサルコト、射撃ノ方法ニ注意シ地形ヲ利用シテ命中効力ヲ増大スルヲ計リ常ニ其指揮官及敵兵ヲ注視ス可キコト、目標消滅スルカ或ハ指揮官ノ小笛ヲ聞クカ又ハ其他ノ方法ヲ以テ射撃停止ノ命令アルキハ速ニ射撃ヲ停止スルヲ要スルコト等是レナリ

善ク射撃軍紀ヲ養成スルキハ戰闘中假令ヒ指揮官ノ射撃指揮行ハサル塲合ニ於テモ火線上ニ於ル兵卒ノ勇敢ト判斷トニ由テ他兵ニ表準ヲ與ヘ依然射撃ノ効力ヲ維持スルヲ得故ニ獨斷專行ヲ養成シ各兵卒ヲシテ射撃指揮ノ行ハレサル戰况ニ於テ爲ス可キ處置ニ慣熟セシムルヲ要ス

第百三十七　射擊効力ノ觀測ハ最モ必要ナルモノトス之カ為メ望遠鏡ヲ用ユルトキハ始終彈着ヲ熟視シ敵ノ動作ヲ監視シ、照尺及照準點ノ撰定ヲ適當ニシ、射擊ノ威力ヲ增ス為メ修正ヲ為ス等ニ利アリ若シ硝烟ニ遮ラルヽ等火線ヨリ直接ニ觀測スルヿ能ハサルトキハ側方ニ特別ノ觀測者ヲ配置スルヲ良トス

第百三十八　抑〻戰闘ノ勝利ハ好機ノ到ルヲ待ツ為メ彈藥ヲ節用シ時機來レハ猛烈ノ威力ヲ逞フシテ敵ノ志氣ヲ沮喪セシメ其体力及彈藥ヲ竭盡セシムルニ巧ナル者ニ歸ス可キナリ若シ之ニ反スルトキハ彼我其勢ヲ異ニシ敵ハ意ノ如ク我ヲ破ルヲ得可シ故ニ兵卒ヲシテ此理由ヲ確實ニ了得セシムルヲ要ス

集合及併合

第百三十九　散兵ヲ集合（併合）スルニハ刀ヲ擧ケ左ノ號令ヲ下ス

集マレ（併セ）

散兵ハ駈歩ヲ以テ小隊長ノ許ニ集合シ番號ノ順序ヲ以テ（順序ニ拘ハラス）横隊ニ編成ス小隊長停止シ在レハ停止シ行進シ在レハ續キテ行進ス

第三章　中隊教練

總則

第百四十　中隊教練ノ主旨ハ中隊ヲシテ常ニ中隊長ノ手裏ニ存シ一意ニ其號令及命令ニ從テ動作セシムルニ在リ

第百四十一　中隊長ハ教練間適當ト認ムル所ニ占位スルヲ要ス小隊長ハ教練ノ初歩ニ在テ隊形變換及方向變換ヲ行フヿキ其小隊ノ爲ス可キ動作ヲ小聲ニテ告諭スルモ妨ケ無シ
喇叭手ハ第三小隊ト同シク運動シ常ニ定距離ヲ保持ス

密集隊次

横隊ノ編制及區分（第一圖）

第百四十二　中隊ハ各人身幹ノ順序ニ隨テ二列ニ編成シ之ヲ分チテ三小隊トス伍數三等分ス可カラサルヿキハ第三小隊ニ一伍ヲ減シ次ニ第一小隊ニ一伍ヲ減ス
上等兵ノ任務ヲ帶フル生徒ヲ命セシヿキハ概子身幹ノ順序ニ隨テ各小

中隊長
中少尉
見習士官
曹長
下士
給養掛下士
喇叭手

第一圖

中隊ノ横隊

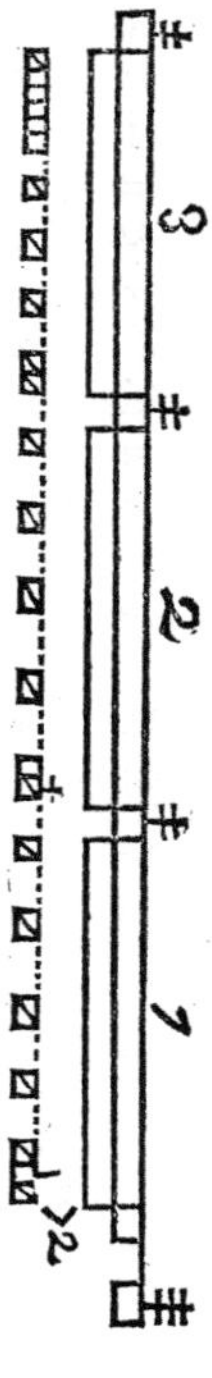

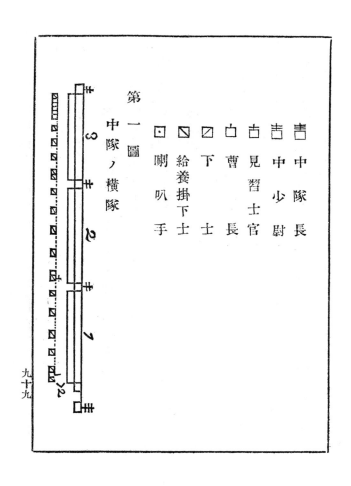

隊ニ分賦スルモノトス

小隊ハ中隊中ニ於テ右翼ヨリ番號ヲ附ス

將校下士ヲ各小隊ニ配賦スルハ中隊長ノ任トス若シ將校ニ缺員アルトキハ見習士官若クハ故參下士ヲ以テ之ニ代ユルモノトス

横隊隊形ハ整列觀兵式及運動ニ用ユルモノトス

整頓

第百四十三　隊ニ在ル中隊ヲ整頓スルニハ左ノ號令ヲ下ス

嚮導　線へ

各小隊長及中隊ノ左翼士官ハ前列ヨリ三歩前進シ中隊長ヨリ指示スル線上ニ位置ス其他整頓ハ小隊教練ニ同シ各小隊長ハ常ニ其小隊ヲ

整頓セシメ次ニ他小隊中已レニ近接セル伍ヲ正ス

背面向

第百四十四　横隊ノ背面向モ小隊教練ニ準シテ施行ス

第百四十五　押伍列ヲ後方ニ移スニハ押伍後トヘト令シテ行フ中間ニ在ル各小隊長ハ押伍ヲ通過セシムル爲メ二歩前進シ各押伍ハ其小隊ノ最近翼ヲ通過シ喇叭手ハ其小隊ノ外翼ヲ通過ス

銃ノ操法

第百四十六　銃ノ操法ハ小隊教練ニ準シテ施行ス

横隊ノ運動

第百四十七　前面行進、背面行進、斜行進、駈歩、停止、行進間ノ背面

向、退歩ハ總テ小隊敎練ニ準シテ施行ス

第百四十八　方向變換ハ小隊敎練ノ右ニ方向ヲ換ヘ及ヒ目標右(左)ニ準シテ施行ス

行進間ノ方向變換ニ在テハ中隊ノ軸翼ニ在ル士官ハ足蹈ヲ爲シ兵卒ハ駈歩ヲ以テ逐次新線ニ就キテ足蹈ヲ爲シ中隊長ハ方向變換ノ終ラントスルトキ「前ヘ進メ」ノ號令ヲ下ス

第百四十九　行進間障碍物ニ遭遇セシ小隊ハ其長ノ右向伍々左リ及ヒ左ヘ並ヒ進ノ號令ニ依リ側面縱隊トナリ及開進ス可シ

側面縱隊

第百五十　側面縱隊ノ行進及之ニ屬スル諸運動ハ小隊運動ニ隨テ施

行ス但シ行進間側面縦隊ヨリ横隊ヲ編成スルニハ前々項ノ方法ニ準シテ施行ス即チ先頭小隊ハ横隊線ニ到ルニ從テ足踏ミヲナス最後ノモノ其線ニ到レハ更ニ前ヘ進メト令ス

側面縦隊ニ在テハ小隊先頭ノ翼下士ハ前列ノ前ニ出テ嚮導トナリ小隊長ハ其外側ニ接シテ位置シ左翼士官ハ右側面向ニ在テハ後尾ニ左側面向ニ在テハ先頭伍ト齊頭ニテ押伍列ニ位置ス中隊長ハ先頭小隊長ノ外側二歩ノ所ニ位置ス

第百五十一　側面縦隊ハ行軍及運動ニ用ユル隊形トス

行軍間途歩行進ハ各個教練ニ示ス方法ニ從フ又速歩行進ヲ爲シ或ハ「歩調止め」ノ號令ニテ行進スル部隊ハ其勞ヲ減スル爲メ「擔ヘ銃」ノ

號令ヲ下シテ銃ヲ他ノ肩ニ移サシムルヲ得
行軍中道路ノ廣狹ニ從ヒ四列側面ヲ三列側面ト爲シ又二列側面ヲ一列側面ト爲スヿヲ得

中隊縱隊ノ編制（第二圖）

第百五十二　中隊縱隊ハ三小隊互ニ六歩ノ距離ヲ存シテ前後ニ重疊スルヲ定規トス時宜ニ由リ六歩ノ距離ヲ伸縮スルヿヲ得定規外ノ距離ニ重疊スルニハ「中隊縱隊」ノ前ニ「何歩に」ノ號令ヲ加フ可シ
定規ノ配置ニ在テハ第二小隊ヲ先頭トシ第一第三小隊ノ順序ヲ以テ重疊ス
翼小隊ヲ先頭トシテ縱隊ヲ編成スルヿヲ得然ルトキハ之ニ近キ小隊ヨ

リ順次ニ重疊ス

第二圖

中隊縦隊

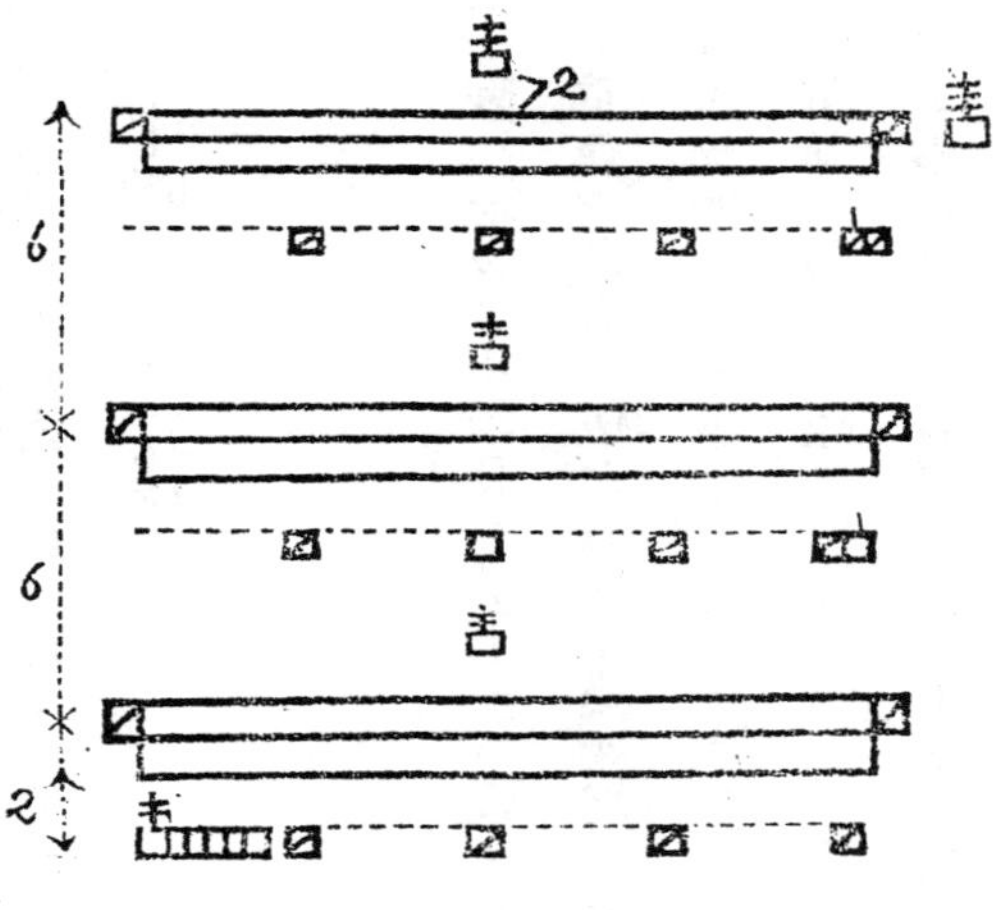

中隊縱隊ノ隊形ハ運動集合又ハ觀兵式ニ用ユルモノトス

横隊ヨリ中隊縱隊ニ移ル

第百五十三　號令

中隊縱隊　進メ

停止間ニ在テハ中央小隊ハ動カス小隊長及翼下士ハ定位ニ就キ兩翼小隊ハ左右向ヲ爲シテ重複シ左右ニ伍々方向變換ヲ爲シ翼下士ハ其小隊ノ先頭及後尾ニ就キ先頭ニ在ル下士ハ其小隊ヲ誘導シテ中央小隊ヨリ六歩（十二歩）ノ距離ヲ隔テ縱隊ノ定位ニ至リ生徒ハ各自ニ停止正面向ヲ爲シテ右方ニ整頓ス、整頓翼ニ在ル下士ハ先頭ニ在ル下士ニ重ナリ距離ヲ取リ整頓ヲ正スノ責ニ任ス小隊長ハ速ニ已レノ定

位ニ就キ小隊ノ運動ヲ監視ス
行進間ニ在テハ中央小隊ハ行進ヲ續行シ兩翼小隊ハ適時ニ左右斜行進ヲ爲シ中央小隊ノ後方ニ重疊シ右方ニ準フテ行進ス
第百五十四　翼小隊ヲ基準トシテ縱隊ヲ編成スルニハ左ノ號令ヲ下ス

右(左)ヘ中隊縱隊　進メ

中隊縱隊ヨリ横隊ニ移ル

第百五十五　號令

開け　進メ

先頭小隊ハ動カサルカ或ハ行進ヲ續行シ各官ハ定位ニ就キ中央小隊

ハ右斜行進後尾小隊ハ左斜行進ヲ爲シテ横隊線ニ進ミ生徒各自ニ停止若クハ行進セル小隊ノ方ニ整頓ス

第百五十六　一翼ニ開進シテ横隊ヲ編成スルニハ左ノ號令ヲ下ス

右（左）へ開け　進メ

第百五十七　新方向ニ開進シテ横隊ヲ編成スルニハ豫シメ方向變換ヲ爲シテ後之ヲ行フカ或ハ豫令ノ前ニ新方向ヲ指示ス其例左ノ如シ

某社に向ひ開け　進メ

先頭小隊ハ直チニ指示サレタル方向ヲ取リ後方小隊ハ開進シツヽ新方向ヲ取ル

第百五十八　射撃ノ爲メ速ニ開進セシムルニハ豫令ノ前ニ射撃ノ姿

勢ヲ指示ス其例左ノ如シ

立（膝）射の構へ開け　進メ

先頭小隊ハ動カサルカ或ハ停止シテ射撃ノ構ヘヲ為シ後方小隊ハ駈歩ニテ開進シ同シク射撃構ヘヲ為ス

側面縦隊ヨリ中隊縦隊ニ及中隊縦隊ヨリ側面縦隊ニ移ル

第百五十九　號令

中隊縦隊　進メ

先頭小隊ノ嚮導ハ動カサルカ或ハ行進ヲ續行シ各小隊ハ左（右）ヘ並ヒニ従テ前列ノ方ニ開進シ後方二小隊ハ六歩ノ距離ニ閉縮シツヽ開

進シテ停止或ハ行進ス
第百六十　側面縦隊ヨリ毎小隊逐次ニ進入シテ某方向正面ノ中隊縦隊ヲ編成スルヲ得之カ爲メニハ豫シメ先頭小隊ノ停止ス可キ位置ヲ示シテ左ノ號令ヲ下ス

中隊縦隊に集まれ

各小隊長ハ逐次ニ號令ヲ下シテ中隊縦隊ヲ編成ス
第百六十一　中隊縦隊ヨリ同方向ニ側面縦隊ニ移ルニハ右向ケ右伍々左ヲナス又行進中ニアリテハ右向ケ伍々左ノ方法ニ準シテ施行ス後方ニ小隊ハ前方小隊ニ繼續スル如ク前進ス
中隊縦隊ハ又各小隊長ニ命令シ某方向ニ毎小隊逐次ニ側面縦隊ニ移

ラシムルヲ得

中隊縦隊ノ運動

第百六十二　中隊縱隊ノ運動ハ正面行進斜行進駈歩襲歩停止背面行退歩ヲ施行スルヲ得後方二小隊ノ嚮導ハ其先頭小隊ノ嚮導ノ足跡ヲ蹈ミ常ニ六歩ノ距離ヲ保持スルノ責ニ任ス

中隊縱隊背面向ニ在ルトキ「押伍後とへ」ノ號令ニテ小隊長ハ其小隊ノ右翼ヲ廻ワリ中央前ニ出テ押伍ハ最近翼ヲ廻ワリ舊位ニ對シテ位置ス

第百六十三　號令

右（左）に方向を換へ　進メ

停止間ニ在テハ先頭小隊ハ小隊ノ方向變換ニ從テ方向變換ヲ行ヒ其他ノ小隊ハ各人各自ニ己レノ占領ス可キ位置ニ至リ右(左)ニ整頓ス

行進間ニ在テハ先頭小隊ハ停止間ト同一ノ方法ニ從テ方向變換ヲ行ヒ後方小隊ハ先タツ小隊ト同所ニ到リ號令無クシテ逐次ニ方向ヲ變換ス

第百六十四　方向變換ノ角度小ナルトキハ目標右(左)依リテ施行ン後方小隊ハ前方小隊ノ運動ニ隨フ

第百六十五　部隊ノ側面行進ヲ行フニハ(右向ケ右前ヘ進メ)ニ準シテ施行シ前面ノ方ニ在ル小隊ノ嚮導ハ目標ニ向フテ行進シ其他ノ嚮導ハ之ニ整頓シ常ニ定距離ヲ保持スルノ責ニ任ス其他ハ側面縱隊ノ

諸運動ニ準ス

第百六十六　側面向ニ在テ行進セル中隊縦隊ノ方向ヲ變換スルニハ左ノ號令ヲ下ス

左（右）に方向を換へ　進メ

方向變換ノ方ニ在ル小隊ハ伍々左（右）ニ方向ヲ變換シテ新方向ニ進ミ他ノ小隊ハ斵歩ニテ逐次其齊頭ニ到リ之ニ準フテ行進ス

停止間ヨリ直チニ方向變換ヲ行フコヲ得然ルトキハ豫シメ擔銃ヲ爲サシム可シ

小角度ノ方向變換ハ豫シメ目標ヲ示シテ施行シ其角度微小ナルトキハ目標右（右）ノ方法ニ準シテ施行ス

第百六十七　中隊縱隊ヲシテ行進間右(左)向ヲ爲サシムルニハ小隊行進間ノ右左向ト同法ニヨリテ施行ス

方陣

第百六十八　停止或ハ行進セル中隊縱隊、騎兵ノ襲擊ニ對シ方陣ヲ作ルニハ左ノ號令ヲ下ス

騎兵に向ひ縱隊　進メ

豫令ニテ速ニ先頭小隊長ハ其小隊ノ後方ニ後尾小隊ノ押伍列ハ其小隊ノ前方ニ至ル「進メ」ノ號令ニテ先頭小隊ハ動カサルカ或ハ停止シ後尾小隊ハ背面向ヲ爲ス中央小隊ハ半部ツヽ左右ニ方向ヲ變換シテ其空間ヲ塞キ各兵卒ハ銃ニ劍ヲ着ケ立射ノ構ヘヲ爲シ中隊長及翼下

士ハ縦隊ノ中ニ入ル
方陣ヲ編成スルニハ規則ニ拘泥スルヲ要セス唯各面ヲシテ迅速ニ射撃ノ準備ヲ爲サシムルヲ緊要トス
第百六十九　中隊縦隊ニ復スルニハ左ノ號令ヲ下ス
中隊縦隊　進メ
中隊ハ最初ノ隊形ニ復ス

射撃

第百七十　射撃ハ横隊、中隊縦隊、及方陣ニ於テ中隊長躬カラ號令スルカ或ハ小隊長ニ命シテ行ハシムルモノトス　而テ要スレハ目標、照尺及射撃ノ始終ヲ指示ス

射擊ノ種類及方法ハ小隊ノ射擊ニ準ス

小隊每ニ行フ横隊ノ射擊

第百七十一　横隊ニ於テ小隊每ニ射擊ヲ行フ可キトキハ小隊長ハ其小隊ノ後方ニ至リ號令ヲ下スニ先タチ其小隊ノ番號ヲ示ス可シ

中隊縱隊ノ射擊

第百七十二　停止間ニ在テハ左ノ號令ヲ下ス

四列打方

構へ　銃

「四列打方」ノ號令ニテ前方二小隊長及先頭小隊ノ押伍列ハ速ニ翼ニ移リ中央小隊ハ速歩ニテ列間距離ニ閉縮シ各後列ハ其距離ヲ閉「銃」

ノ號令ニテ小隊ノ四列打方ニ準シテ施行ス
後尾小隊ハ其位置ニ停止シテ立銃ヲ爲ス
射撃ヲ終ル後「直レ」ノ號令ニテ前方二小隊ハ舊位ニ復ス
第百七十三　行進間ニ在テハ左ノ號令ヲ下ス

四列打方　止レ（廻れ右へ　止レ）

「止レ」ノ號令ニテ中隊ハ停止（右轉回）シ其前方二小隊ハ射撃ノ搆ヘヲ爲ス但シ中央小隊ハ距離ヲ閉縮シタル後停止スルモノトス

方陣射撃

第百七十四　方陣射撃ニ於テハ例ヘハ左ノ號令ヲ下ス

前（後）（右《ミギ》側）（左《ヒダリ》側）面一齊射撃

或ハ
前(後)面、右(左)側面各個射擊
次ニ中隊長ノ號令スルト小隊長ニ命スルトニ關セス側ヘハ左ノ號令ヲ下ス
馬の胸
四百米突
狙ヘ
打
込メ
散開隊次

散開及散兵線ノ運動

第百七十五　散開法及散兵線ノ運動ハ第百十九乃至第百二十八ニ從テ施行ス

散開ハ中隊縱隊、側面縱隊、及橫隊ヨリ行フモノトス

「散れ」或ハ「何歩に開け」等ノ號令ニテ別命無キトキハ中隊縱隊及側面縱隊ニ在テハ先頭ニ在ル一小隊ハ散開或ハ展開ス橫隊ニ在テハ豫シメ散開ス可キ小隊ヲ指示ス

第百七十六　中隊ノ殘餘ハ援隊トナリ散兵線ヨリ必要ナル距離ヲ得ルマテ停止ス　曹長、給養掛下士及喇叭手一名ハ中隊長ニ隨從シ其他ノ喇叭手ハ援隊ニ屬スルモノトス

射撃

第百七十七　射撃ハ小隊散兵射撃ノ方法ニ準シテ施行ス

散兵線ノ増加

第百七十八　散兵ノ増加ハ或ハ散兵線ヲ延伸シ或ハ伍間ニ増加ス之カ為メ左ノ號令ヲ下ス

第何小隊右（左）ヘ延伸増加

第何小隊伍間増加

小隊ハ直チニ小隊長ノ號令ヲ以テ其位置ヨリ散開シ延伸増加ニ在テハ散兵線ノ翼ヨリ約子十歩ノ間隔ヲ存スル如ク伍間増加ニ在テハ散兵ノ間隔内ニ入ル如ク其位置ニ至ル伍間増加ニ在テハ各小隊ノ混淆

ヲ避クルヲ得ス故ニ中隊ハ速ニ新編成ヲ爲スヿニ慣熟スルヲ要ス即各小隊長ハ其部下ヲ區分シ各分隊長モ亦其部下ヲ區分ス可シ

前進スル增加兵敵ノ射擊ヲ被ムルトキハ駈歩ヲ以テ一進一止ヲ爲ス可シ

援隊

第百七十九　援隊ノ任務ハ戰鬪正面ヲ擴張シ火線ヲ援助シ或ハ敵襲ノ虞アル側面ヲ掩護スルニ在リ故ニ援隊ハ其時機ニ從ヒ適當ナル地ニ占位ス可シ

第百八十　援隊ト散兵線トノ距離ハ時機ニ由テ伸縮ス可キモノニシテ一定ノ規則ヲ定ムルヲ得ス其主トスル所ハ時機ヲ失セス火線ヲ援

助シ得ルニ在リ地形ヲ利用セサル演習ニ在テハ最初ノ散開ニ於テ約
千百二十米突ヲ通則トス

第百八十一　援隊ハ横隊若クハ縱隊ニ編成シ又ハ梯隊ニ區分シテ散
兵線ノ運動ニ隨ヒ通常歩調無ク運動ス然レトモ敵ノ有効射撃下ニ在テ
ハ歩調ヲ取ルヲ要ス又停止間ハ膝姿若クハ伏姿ヲ取リ敵火ノ効力ヲ
減殺スルヲ要ス

二小隊相合スルトキハ故參ノ小隊長之ヲ指揮ス

突擊

第百八十二　銃劍突擊ヲ爲スニハ左ノ號令ヲ下ス

襲步に　進メ

喇叭手ハ侵襲ノ譜ヲ吹キ中隊ハ襲歩ニ移リテ前進シ適當ノ距離ニ達スレハ左ノ號令ヲ下ス

突込メ

此號令ニテ各人ハ吶喊シ敵ニ向フテ突進ス喇叭手ハ間斷無ク侵襲ノ譜ヲ吹ク演習ニ在テ吶喊及突進ハ「止レ」ノ號令アルマテ繼續ス此時喇叭手ハ「止レ」ノ譜ヲ連奏ス

最前線ニ在ル各小隊ハ銃ヲ構ヘ射撃ノ準備ヲ爲シ敵ヲ擊退スルヤ成ル可ク速ニ號令ヲ以テ追撃射撃ヲ開始ス可シ

縦隊ニテ攻撃シタルトキハ後方ノ小隊ハ地形ノ許ス限リ開進シテ追撃射撃ニ加ハルヲ要ス之ニ加ハルヲ得サル小隊ハ立銃ヲ爲ス可シ

第百八十三　攻撃ヲ為シタル後退却セサルヲ得サルトキハ密集部隊及散兵ハ同時ニ退却シ其密集部隊ハ隊次ヲ厳粛ナラシムルヲ要ス而テ戦況妨ケ無キニ至レハ速ニ正面ニ轉囘シ若クハ新隊形ニ編成ス可シ

集合及併合

第百八十四　中隊長ノ下ス「集マレ」ノ號令ニテ各小隊ハ通常中縦隊ニ集合ス可キモノトス中隊長ハ速ニ基準小隊ヲ示シ各小隊ハ到着スルニ従ヒ逐次其後方ニ集合ス

第百八十五　散兵線ノ併合ハ小隊散兵ノ併合ニ準シテ施行スヲ要スレハ小隊毎ニ行ハシムルヲ得

軍刀ノ操法

刀ヲ肩ニスル法

右手ヲ刀緒ニ貫シ刀ノ柄ヲ右手ノ拇指ト食指中指トノ間ニ保持シ他指ヲ刀柄ノ背ニ着ケ其手ヲ右腿骨ノ稍ミ下方ニ接着シ刀身ヲ垂直ニ立テヽ刀背ヲ肩ノ凹部ニ托シ微シク臂ヲ屈シテ肘ヲ後方ニ出ス

注意

徒歩運動間ハ右手ヲ以テ刀ノ鍔ヲ持チ手甲ヲ前ニシ右臂ヲ垂レ刀身ヲ垂直ニシテ肩ノ凹部ニ托シ左手ヲ以テ劍鞘ヲ握リ之レヲ振動ス

刀ヲ捧クル法

刀ノ柄ヲ滿握シ及ヲ垂直ニ上ケ及面ヲ顔ノ中央ニ對セシメ鍔ヲ肩ノ

高サニ齊シクシ肘ハ自然ニ體ニ近接ス

刀ヲ以テスル敬禮

第一動　受敬者ヨリ六歩前ニ於テ捧刀ヲ爲ス

第二動　臂ヲ全ク伸シツヽ刀ヲ斜メニ下ケ爪ヲ上ニシテ拳ヲ右股ヨリ少シク離シ敬スベキモノニ注目ス此姿勢ニ在テ受禮者ヨリ六歩ヲ過ク

第三動　刀ヲ起シ之ヲ右肩ニ托シテ肩刀ノ姿勢ニ復ス

銃ヲ以テスル敬禮法

一般ノ敬禮法ハ第五ニ依テ捧銃ヲ行フ又授業濟ミ解散ノトキハ第九十二ニ示ス方法ニ從フト雖モ特ニ携銃ニ於ケル普通敬禮法ヲ設ク其法

立銃ニアルトキ左ノ號令ヲ下ス

肩ヘ銃

第一動　右手ヲ以テ銃ヲ眞直ニ右肩ニ對シテ右乳ノ所マテ上ケ右肘ヲ体ニ着ケ左手ヲ以テ右手ノ下ヲ握リ同時ニ右手ヲ下ロシテ用心金ト打金ヲ握ル

第二動　左手ヲ肩ノ高サマテ摺リ上ケテ指ヲ伸ハシテ並ベ右臂ヲ少シク屈ム

第三動　左手ヲ列中ニ下ス

柔軟躰操一般ノ注意

第一　教練期ハ徒手各向教練ト共ニ教ヘ始ム

第二　新ナル生徒ニ在テハ演習ノ監視ヲ綿密ニスル為メ充分習熟スルニ至ル迄ハ成ヘク毎群五名以上ニ上ラサルヲ要ス

第三　諸演習ニ於テ始メヨリ直レノ令アル迄各擧動ヲ高聲短簡且活潑ニ發唱セシムヘシ是レ自然調子ヲ一致シ動作ヲ確實ナラシムルノ利益アル者トス

第四　生徒間隔ト距離ヲ取リ不動ノ姿勢ニ在ル時教官豫令ヲ以テ簡約ニ其動作ヲ示シテ之ヲ準備セシメ次テ始メノ動令ヲ下ス而メ其擧動ヲ止メシムルニハ直レノ號令ヲ下シ又動作ヲ止メシムルニハ止メ

ノ號令ヲ下スヘシ
止メノ令アレバ生徒ハ兩手ヲ下シテ后チ掌ヲ開クベシ
第五　總テ臂ヲ平ニ動スノ運動ニ在テハ之ヲ肩ノ幅ニ開キテ前方ニ伸シ前臂ヲ水平ニシテ爪ヲ對向ス又臂ヲ高ク動カスノ運動ニ在テハ之ヲ肩ノ幅ニ開キテ高ク頭上ニ伸シ爪ヲ對向ス又臂ヲ圓形ニ動ス運動ニ在テハ肩ヲ軸トシテ成ルヘク大キク圓形ニ廻スベシ
第六　號令ニ代ルニ笛聲ヲ以テスルヿアリ然ルトキハ氣ヲ着ケ直レノ爲ニハ一長聲始メ止メノ爲ニハ一長聲ノ終ニ一短聲ヲ加フルヲ例トス
第七　擧動ヲ早擧動（一分時ニ四十擧動）遲擧動（一分時ニ二十擧動）

ノ二種ニ分ツ而メ身体ノ屈曲及轉回ノ演習ハ遲擧動他ノ演習ハ早擧動ヲ用ユト雖𪜈最初ハ一般ニ之ヲ遲フシ以テ生徒ヲメ能ク其要領ヲ會得セシムルヲ計ルヘシ而シテ遲擧動ハ其動作ノ確實ト調子ノ一致ヲ求ムル爲メ充分習熟スルニ至ル迄生徒ヲシテ自ラ擧動ヲ唱ヘシムルヿナク教官ノ唱フル擧動ニ從テ之ヲ行ハシムルヲ良トス又早擧動ニ於ケル動作ハ最モ力ヲ加ヘテ活潑ニ行ナハシムルヲ緊要トス

第八　凡テ躰操ハ右或ハ左ニ付キ各別ニ教授スル時ト雖𪜈右ニスル者ハ必ス左ニ及ホスヲ例トス

第九　執銃演習ノ不正ハ畢竟徒手演習ノ不熟ヨリ生スル者ナレハ之ヲ矯正スル爲ニハ屢々徒手演習ヲ行ナハシムルヿ緊要トス

第十　躰操ハ五十分時ヨリ長ク續テ行フヘカラス必ス其後ニ於テ概ネ十分間列ヲ解テ休憩セシムヘシ

準備演習

第十一　兵卒ノ姿勢ヲ矯正シ且ツ躰重ヲ足尖ニ移スヿニ慣レシムル為メ一列ニ在テ踵ヲ上ルノ運動ヲナサシム之カ為メ教官左ノ號令ヲ下ス

踵《カヽト》を上げ

第十二　此號令ニテ生徒不動ノ姿勢ヲ變セス胸ヲ伸シタル儘徐ニ踵ヲ上ケ脚ノ内部ヲ接着シ足尖ニテ躰ヲ保持ス（足指ト蹠孤部ニテ支フルナリ之ヲ單ニ足尖ト稱ス）以下之ニ準ス

第十三　踵ヲ復サシムルニハ敎官下ロセノ號令ヲ下ス又之ヲ續テ行フニハ一二ノ擧動(遲擧動)ヲ用ヒ止メノ號令アルニ至ル

第十四　互ニ動作ヲ妨ゲザル爲メ生徒ヲシテ四歩(或ハ三歩二歩)ノ間隔ト距離ヲ取ラシム

第十五　兵卒一列若クハ二列ニアルトキ若干ノ間隔ヲ取ラシメント欲セバ敎官基準生徒ノ前ニ立チ左ノ號令ヲ下ス

左(右)(右左へ)何歩に開け

進メ

第十六　進メノ號令ニテ基準生徒ノ外其儘一ニテ左(右)(右左リ)向ヲナシ二ニテ両手ヲ腰骨上ニ擧ゲ三ニテ左足ヨリ駈歩ヲ以テ發進シ

月側ヲ以テ示サレタル間隔ヲ取リ停止シテ両手ヲ下シ掌ヲ開キ正面ニ向キ基準生徒ニ準フ

注意　間隔ヲ取ル為メニ基準ヲ定ムルハ何レノ生徒ニ就キテモ行フヲ得

第十七　生徒二列ニ在テ若干歩ノ間隔ヲ取リタルトキ列ヲ開カシメントト欲セバ教官左ノ号令ヲ下ス

前列何歩前へ

進メ

第十八　進メノ号令ニテ前列兵ハ早歩ノ要領ヲ以テ示サレタル歩数ヲ前進シテ停止ス

第十九　生徒若干歩ノ距離間隔ヲ有スルトキ之ヲ一列(二列)ニ復セシムルニハ教官基準生徒ノ前ニ立チ手若ハ銃ヲ高ク擧ケ左ノ號令ヲ下ス

集れ。。

第二十　集レノ號令ニテ生徒ハ直ニ基準生徒ノ方ニ向キ駈歩ニテ集リ一列(二列)ニ復ス

第一教　臂ノ運動

第二十一　此教ノ運動ハ豫令ニテ兩手ヲ握リ拇指ヲ中指ノ上ニ置キ、止メノ號令ニテ之ヲ開キ不動ノ姿勢ニ復ス

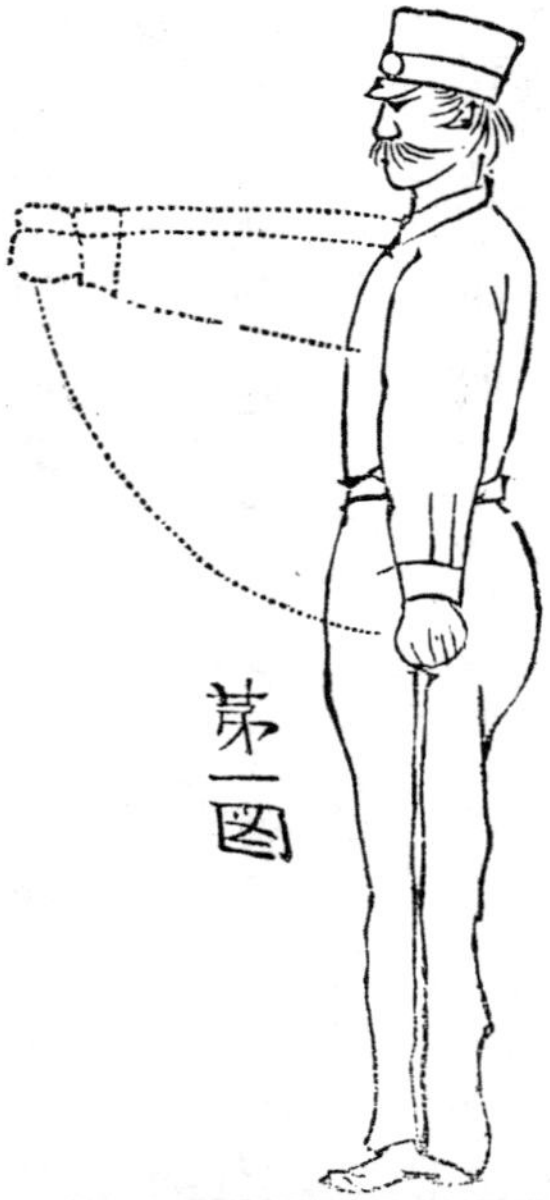

第一圖

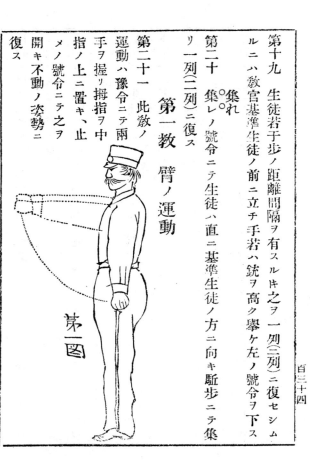

第一運動

臂《ウデ》を平《タヒラ》に動せ(第一圖)

第一動

第二十二 兩臂ヲ伸シタル儘平ニ上ク

第二動

第二十三 臂ヲ伸シタル儘列中ニ下ス

第二運動

臂《ウデ》を右左《ミギヒダリ》に動せ(第二圖)

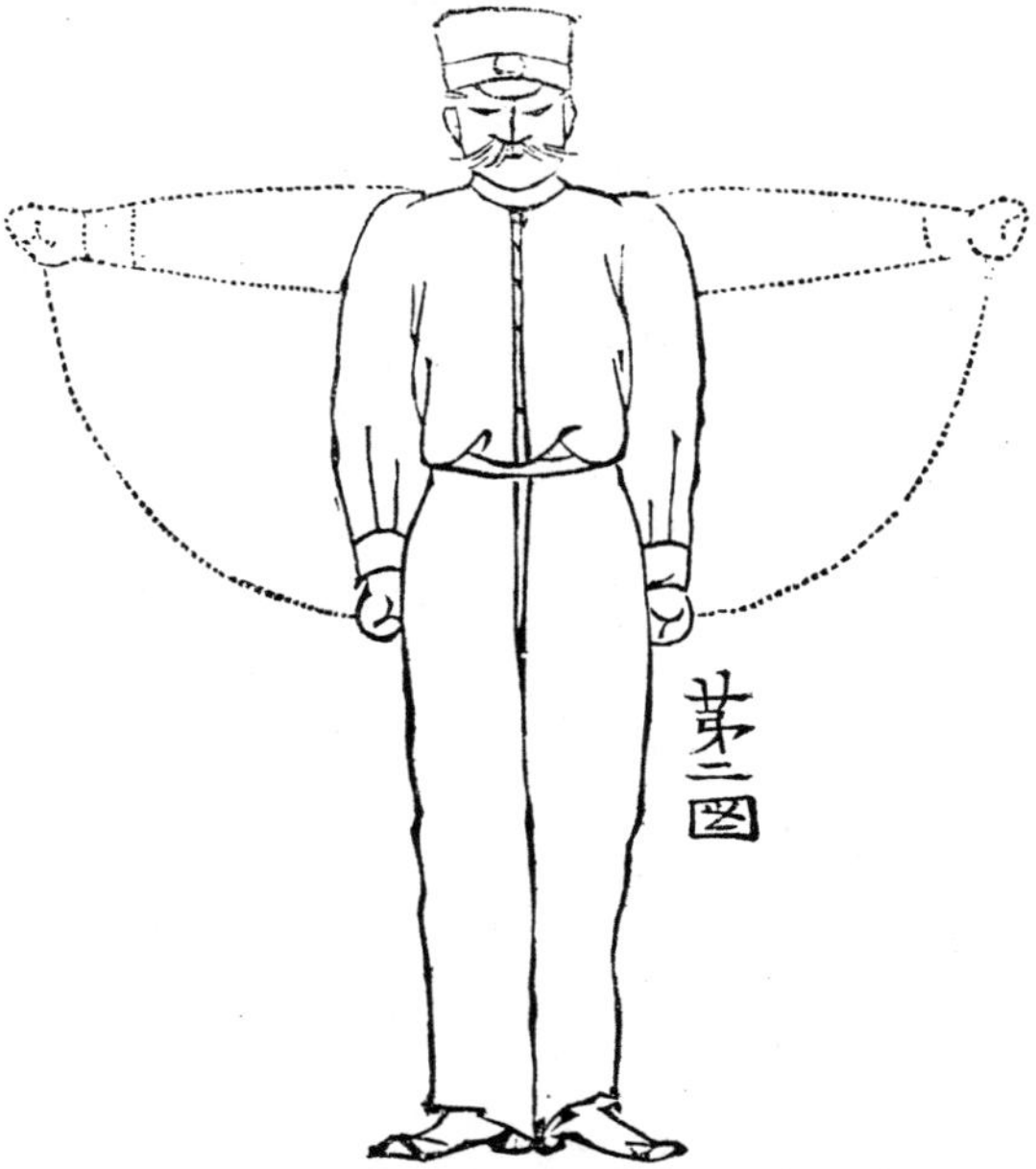

第二図

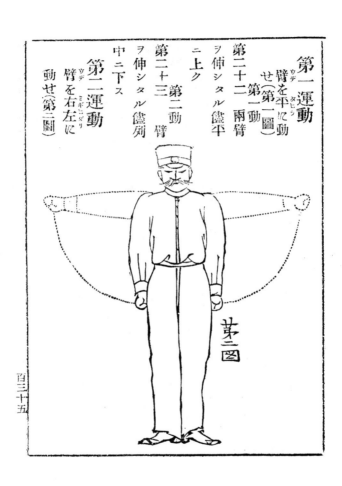

第二十四 兩臂ヲ伸シタル儘右左ニ開キ其拳ヲ襟ノ高ニシ爪ヲ下ニス

第一動

第二動

兩臂ヲ伸シタル儘列中ニ下ス

第三運動 臂《ツデ》を高《タカ》く圓形《エンケイ》に動せ

第三圖

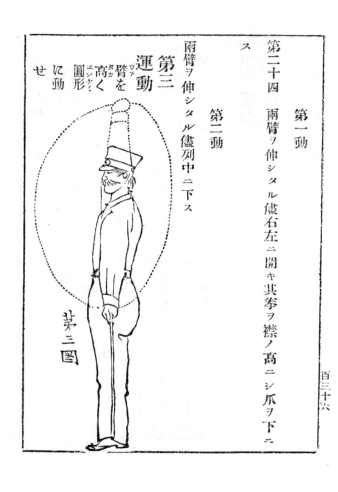

（第三圖）

第一動

第二十六　兩臂ヲ伸シタル儘高ク上ク

第二動

第二十七　兩臂ヲ伸シタル儘後方ニ廻ハシ踵ヲ擧ケツヽ圓形ヲ畫キ列中ニ下シ同時ニ踵ヲ下ス

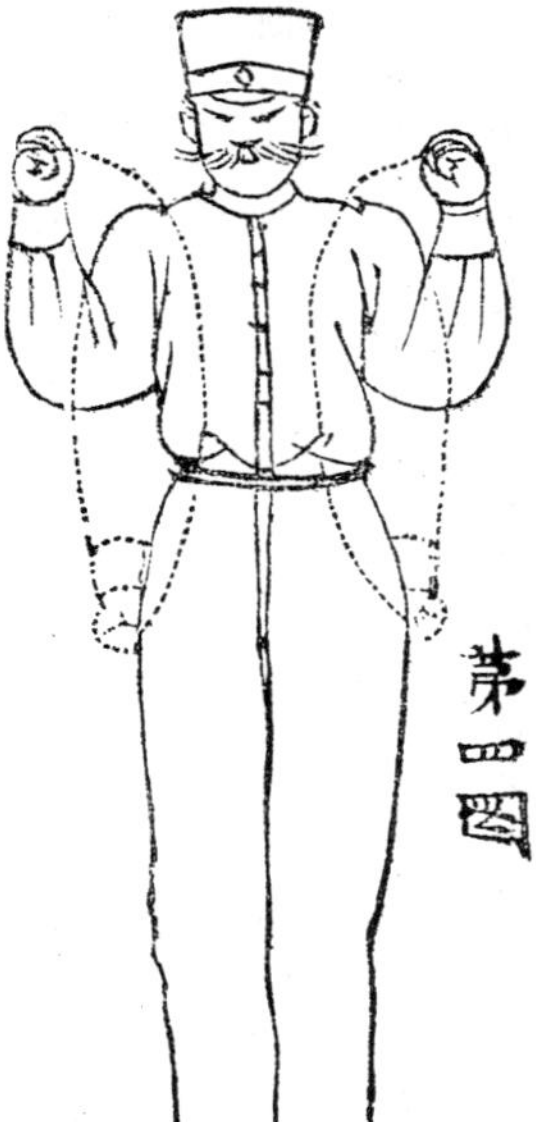

第四圖

第四運動　臂《ヒヂ》を平《タヒラ》に曲《マ》げ動せ（第四圖）

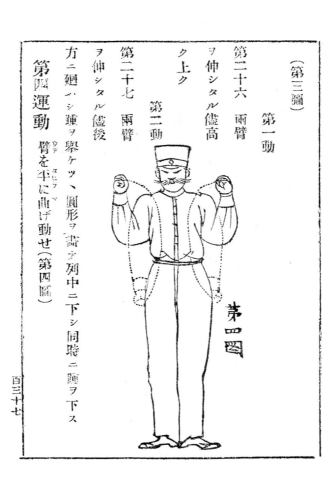

第一動

第二十八　臂ヲ伸シタル儘平ニ上ク

第二動

第二十九　拳ヲ引キ肩ノ兩側ニ來シ之ヲ襟ノ高サニ等クシ前臂ヲ垂直ニシ爪ヲ對向ス

第三動

第三十　肘《ヒヂ》ヲ肩ノ高サニ上クルト同時ニ手頸《テクビ》ヲ折リ兩拳ヲ下方ニ向ケ拇指ヲ胸ニ接シ手甲ヲ相對シ成ルヘク之ヲ廣ク開キ乳ノ外側ヨリ列中ニ下シ手甲ヲ前方ニ向ク

第五運動

臂《ウデ》を曲《マ》け平《タヒラ》に圓形《エンケイ》に動せ（第五圖）

第一動

第三十一　手甲ヲ前ニシ肘ヲ張リツヽ拳ヲ股ヨリ摺リ上ケ腋下ニ來シ頓カニ拳ヲ外トニ廻ハシ肘ヲ下シテ下腋ニ着ケ爪ヲ胸(乳頭ノ外側部)ニ接ス

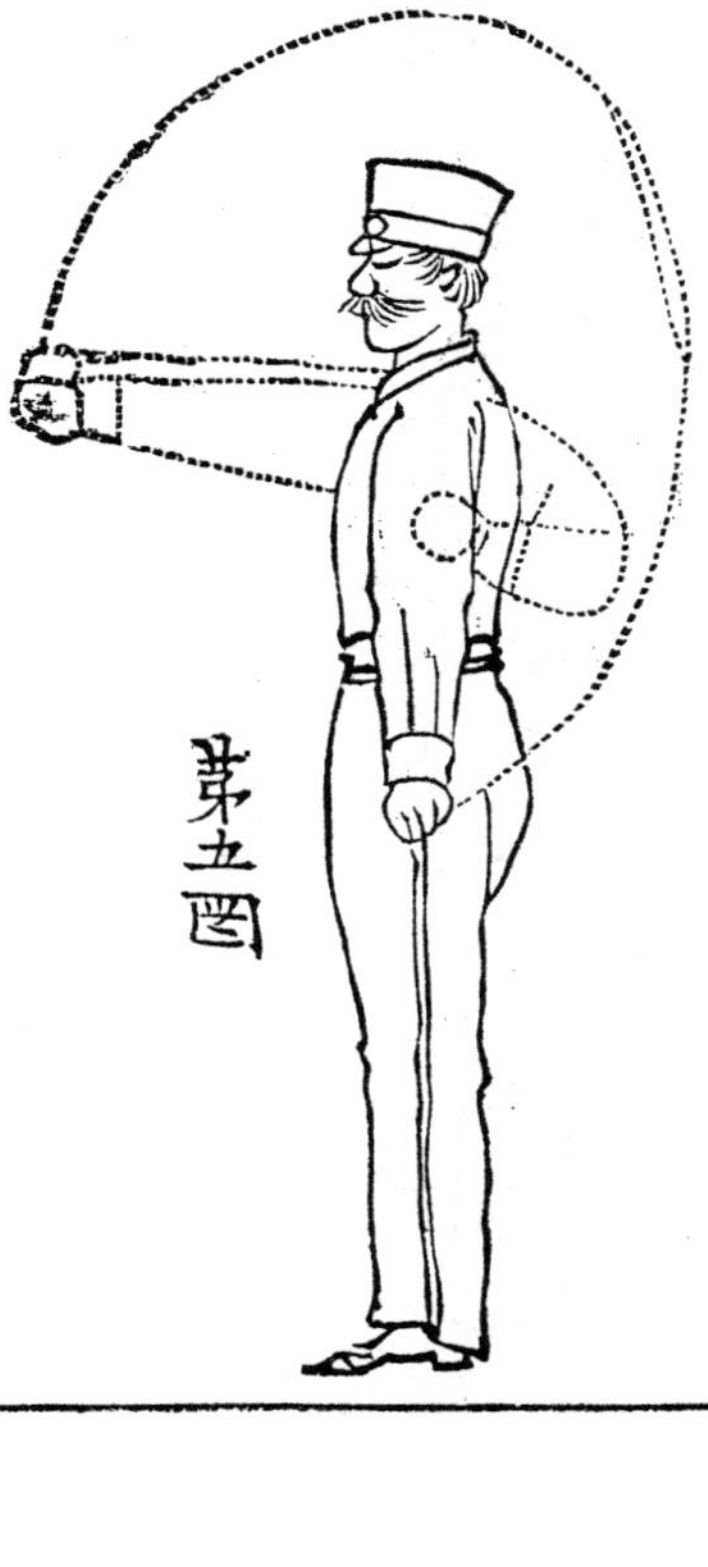

第五圖

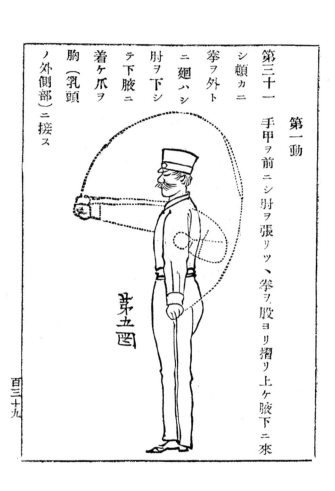

第二動

第三十二　拳ヲ起シ前方ニ突出ス

第三動

第三十三　臂ヲ外方ニ廻ハシ列中ニ下ス（第四十二ニ準ス）

第六運動

前臂《マヘウデ》を平《タヒラ》に動せ

（第六圖）

第三十四　豫令ニテ兩臂ヲ

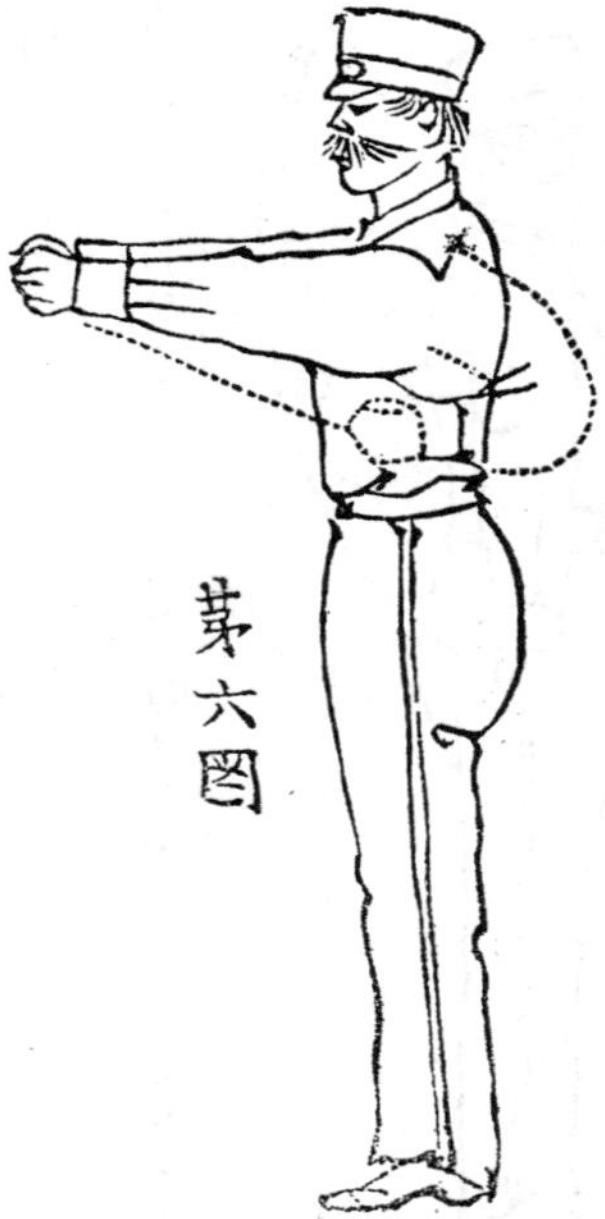

第六図

伸シタル儘平ニ上ク

第一動

第三十五　臂ヲ曲ケ躰ニ近ク兩肘ヲ充分後ロニ引キ前臂ヲ水平ニナシ引キタル余勢ニテ前ニ突出シ再ヒ故ノ姿勢ニ復ス

注意　新ナル生徒ニ敎ユルニハ最初ニ擧動ニ分ケテ敎ユ

第二動

第三十六　第一動ニ同シ

第二教　脚ノ運動

第三十七　此敎ノ運動ハ豫令ニテ兩手ヲ腰骨上ニ上ケ（拇指ヲ後ロニシ他ノ諸指ヲ並接シテ之ヲ前ニシ肘ヲ正シク肩ノ方向ニ出ス）止

メノ號令ニテ列中ニ下シ不動ノ姿勢ニ復ス

此敎ニ於ケル早歩ノ速サハ一分時ニ八十歩ニシテ常歩ハ其二分一トス

第一運動

股《モヽ》を曲《マ》け

常歩《ナミアシ》（第七圖）

第七圖

第一動

第三十八　左ノ膝ヲ足尖ノ方向ニ上ケ股ヲ平ニシ脛ヲ自然ニ垂レ足尖ヲ下ク

第二動

第三十九　左足ヲ足尖ヨリ舊位ニ下ス

第三第四動

第四十　右脚ヲ以テ左脚ノ第一第二動ヲ行フ

注意　新ナル生徒ニ始メテ常歩ヲ教授スルニハ一脚四動ヲ以スルヲ良トス其法第一動左踵ヲ充分上ク第二動左膝ヲ上ケ股ヲ平ニス第三動足尖ヨリ輕ク地上ニ下ス第四動踵ヲ下シテ舊位ニ復ス右足モ亦同シ

第二運動　股《モヽ》を曲《マ》げ早歩《ハヤアシ》（第八圖）

第一動

第四十一　常歩ト同シ要領ニ従ヒ左ノ股ヲ殆ント平ニ上ケ再ヒ舊位ニ復ス

第二動

第四十二　右脚ヲ以テ左脚ノ如ク行フ

第三運動　踵《カヽト》を上《ア》げ脛《スネ》を曲《マ》げ(第九圖)

第一動

第八図

第四十三　兩踵ヲ離スヿナク之ヲ上ケ足尖ニテ身躰ヲ保持ス

第二動

第四十四　兩膝ヲ足尖ノ方向ニ曲ケ股ト脛ヲ直角ニシ躰ヲ眞直ニ低下ス

第三動

第四十五　膝ヲ伸シテ其内部ヲ接着ス

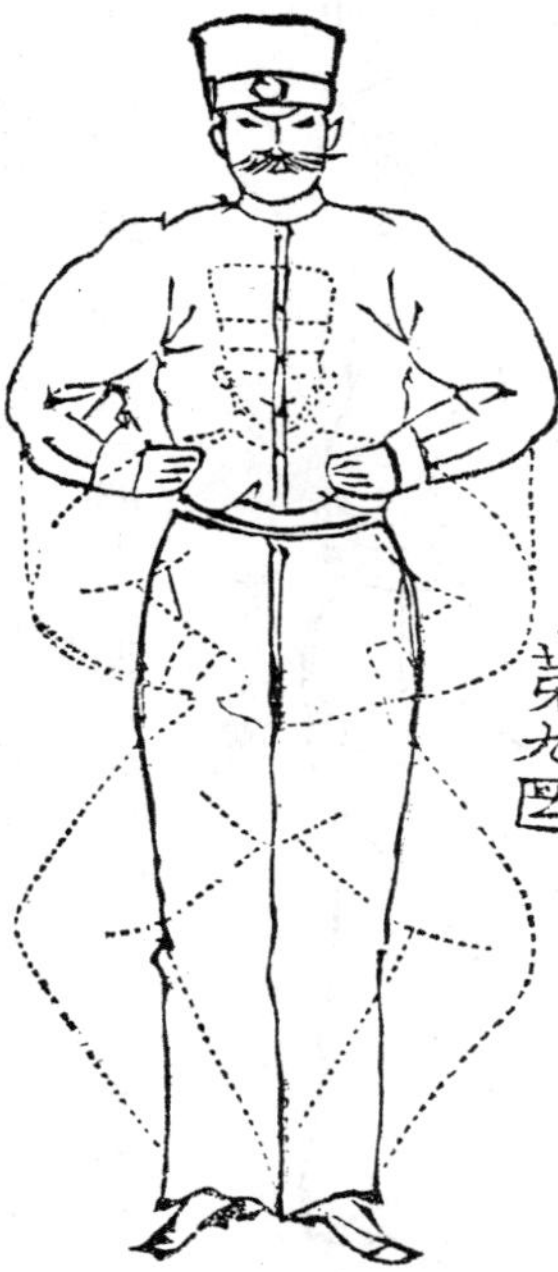

第九図

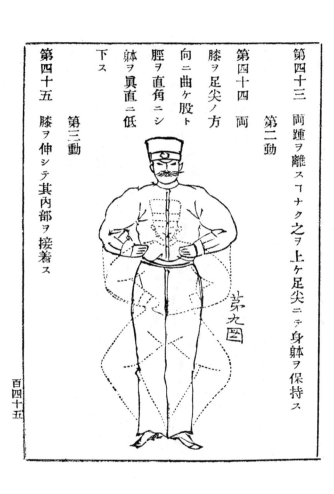

第四動

第四十六　兩踵ヲ下ス

注意　第三動ニ於テ兩膝ノ内部ノ接着ヲ確實ナラシムベシ然レモ躰格之ヲ行フニ難キ者ハ漸次ニ能クシ得ル如ク敎授スルヲ要ス

第四運動

足《アシ》を前《マヘ》へ伸《ノバ》せ(第十圖)

第一動

第四十七　常歩ノ第一動ノ如シ

第十圖

唯足尖ヲ僅ニ(凡ソ一寸七分)上クルヲ異リトス

第二動

第四十八　足尖ヲ強ク其方向ニ蹴リ出シ膕ヲ全ク伸シ四十五度ノ角ヲナサシメ蹠部ヲ地面ニ平行セシム

第三動

第四十九　膕ヲ屈スルヿナク脚ヲ舊位ニ復ス

第四第五第六動

第五十　右脚ヲ以テ左脚ノ如ク行フ

注意　此運動ハ左(右)一脚ノミニ就テ行フヲ得然ルトキハ號令ニ左(右)ヲ冠《カムラ》スヘシ

第三教　臂躰脚ノ運動

第五十一　此教ニ於テ臂ノ運動ヲ為サヾル者ハ兩手ヲ腰骨上ニ置クヿ第二教ノ如クシ之ニ反スル者ハ兩手ヲ握ルヿ第一教ノ如クス

第一運動　体《タイ》を右左《ミギヒダリ》へ回《マ》はせ（第十一圖）

第一動

第五十二　足ノ位置ヲ變スルヿナク上躰ヲ右ニ施《メグ》ラシ側方ニ向ハシメ頭ハ躰ノ

第十一図

運動ニ從フ

第二動

第五十三　躰ヲ左方ニ施ラシ第一動ノ如クス

第二運動　躰《タイ》を前後《ゼンゴ》に曲《マ》げ臂《ウデ》を高《タカ》く動せ（第十二圖）

第一動

第五十四　脚ヲ伸シタル儘踵ヲ地ヨリ

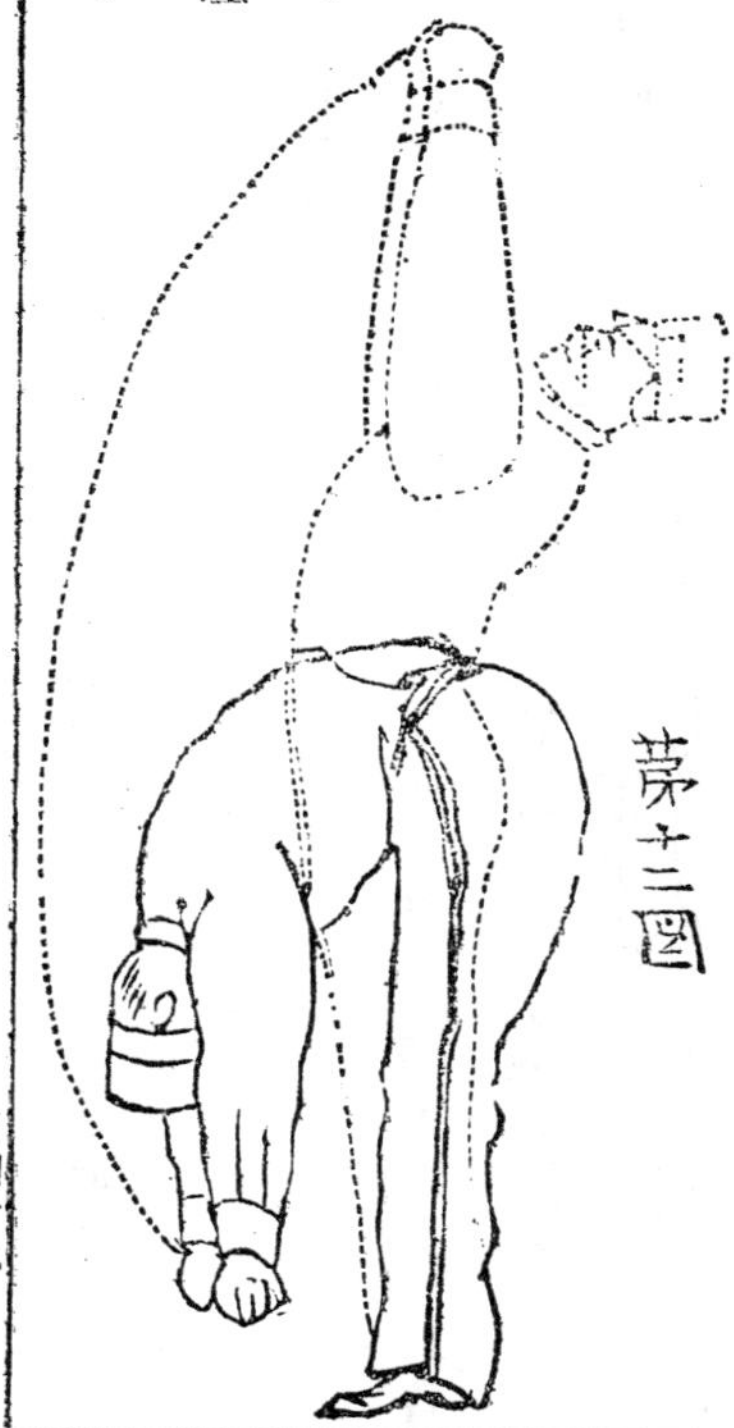

第十二圖

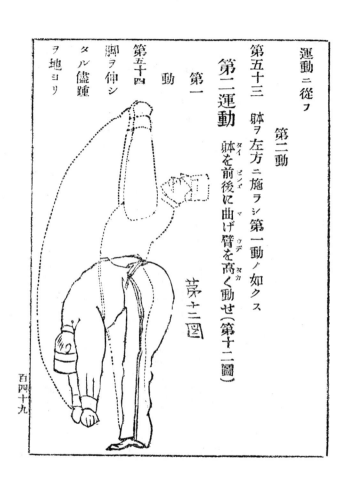

離スヿナク体ヲ前ニ曲ケ臂ヲ伸シテ足尖ニ近ク垂レ頭ハ躰ノ運動ニ從フ

第二動

第五十五　躰ヲ起シ充分後ニ反ラシ臂ヲ伸シタル儘頭上ニ上ケ（臂ハ垂直ナルヲ度トス頭ハ躰ノ運動ニ從ヒ眼ハ絶ヘス拳ニ注ク

第三運動

体《タイ》を屈《カヾ》め臂《ウデ》を平《タヒラ》に動せ

（第十三圖）

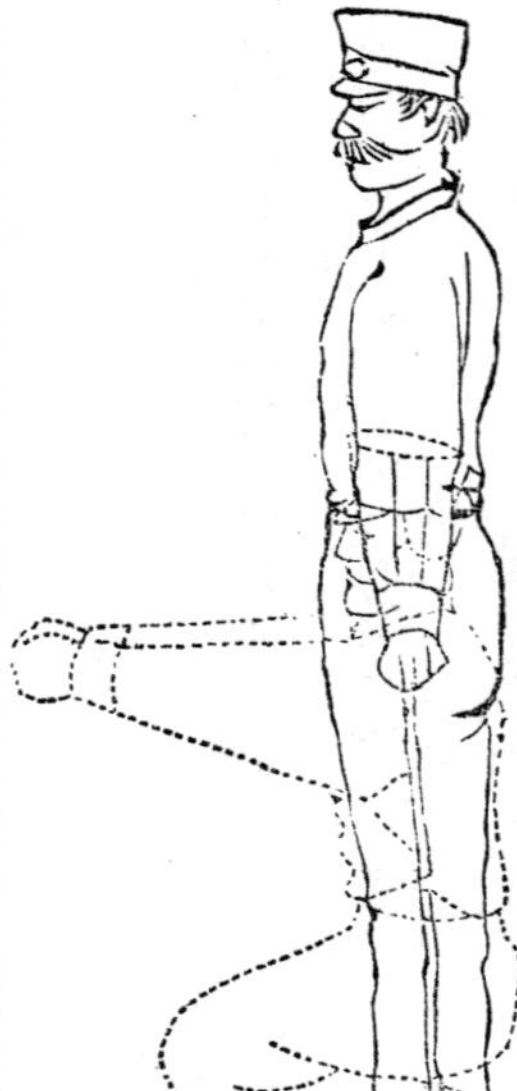

第十三図

第五十六　豫令

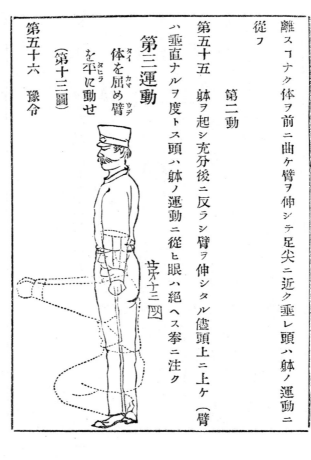

ニテ足尖ヲ接着シ躰ノ重ミヲ之ニ托ス

第一動

第五十七　上躰ヲ眞直ニ保チ踵ヲ上ケツヽ臀部ノ踵ニ接スル迄脚ヲ屈メ臂ヲ伸シ平ニ上ク

第二動

第五十八　上体ヲ眞直ニ保チツヽ足尖ニテ起立シ臂ヲ伸シタル儘列中ニ下シ踵ヲ地ニ下ス

第四運動　臂《ウデ》と脚《アシ》を右左《ミギヒダリ》へ開《ヒラ》け（第十五圖）

第一動

第五十九　右手ヲ以テ第五圖ノ第一動ノ如クナス

第二動

第六十　右拳ヲ起シ右足ヲ右方ニ一歩廣ク踏開キ左膕ヲ伸シ右膕ヲ屈スルト同時ニ右臂ヲ右方ニ伸シ拳ヲ眼ノ高サニシ其爪ヲ上ニシ体ノ上部

第十四図

ヲ眞直ニシ頭ハ体ノ運動ニ従ヒ眼ハ拳ニ注ク

第三動

第六十一　上体及ヒ足尖ヲ舊位ニ復ス

第四第五第六動

第六十二　第一第二第三動ヲ左ニ行フ

注意　此運動ハ右（左）ノミニ行フヲ得然ルトキ

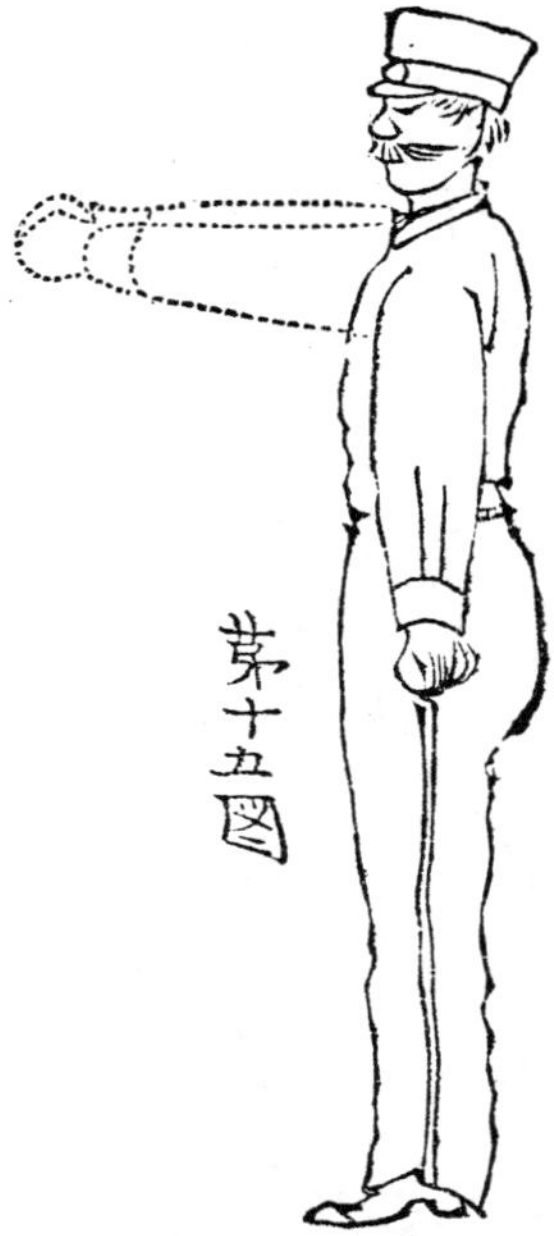

第十五図

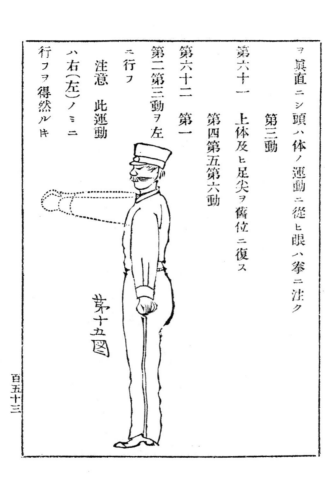

ハ右左ニ開ケノ號令ニ換フルニ右(左)ニ開ケノ號令ヲ以テス

第五運動

踵《スネ》を曲《マ》げ臂《ツデ》を平《タヒラ》に高《タカ》く動せ(第十五第十六圖)

第一動

第六十三　臂ヲ平ラニ上クルト同時ニ踵ヲ上ケ足尖ニテ躰ヲ保持ス

第二動

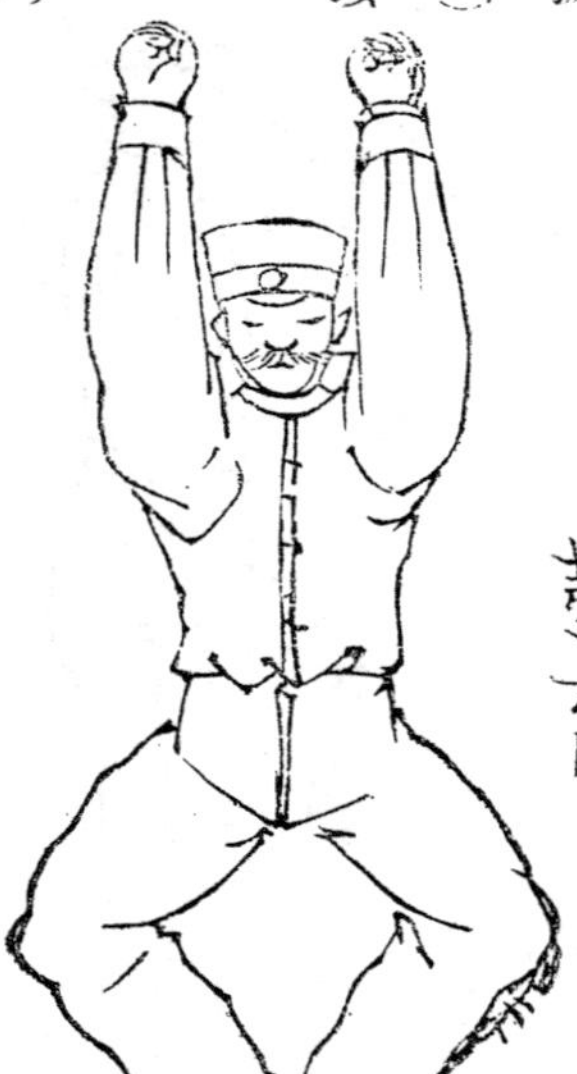

第十六図

第六十四　臂ヲ高ク上クルト同時ニ兩膝ヲ足尖ノ方向ニ曲ケ股ト脛ヲ直角ニシ躰ヲ眞直ニ低下ス

第三動

第六十五　膝ヲ伸シ臂ヲ平ニス

第四動

踵ヲ地ニ着ケ臂ヲ列中ニ下ス

携銃演習

第六十六　兵卒立銃ニ在ルトキ之ヲ地上ニ置カシムルニハ教官左ノ號令ヲ下ス

置《オ》け

銃

第一動

第六十七　右手ヲ以テ銃ヲ僅ニ上ケ槊杖ヲ右ニシ銃床ノ平面ヲ前後ニシ床尾踵ヲ右足尖ヨリ三寸余リ離シテ地ニ下ス

第二動

第六十八　左足ヲ一歩蹈出シ殆ント胸部ヲ股ニ接スル如ク躰ヲ俯シ右膕ヲ充分伸シ銃ヲ列線ト直角ニ地上ニ置ク

第三動

第六十九　躰ヲ起シ不動ノ姿勢ヲ執ル

第七十　兵卒銃ヲ地ニ置キタルトキ之ヲ取ラシムルニハ教官左ノ號令

ヲ下ス

執れ

銃

第七十一　各動置ケ銃ト反對ニ行フ

第七十二　兵卒立銃ヲ爲シタルキ執銃躰操ヲ行ハシメント欲セハ敎官左ノ號令ヲ下ス

前に執れ

銃

第一動

第七十三　右手ヲ以テ銃ヲ垂直ニ上ケ之ヲ乳ノ高サニシ左手ニテ右

手ノ下ヲ握リ右手ヲ下シテ銃把ヲ握ル

第二動

第七十四　銃ヲ左方ニ水平ニ倒シ槊杖ヲ下ニシ兩臂ヲ伸ス

第三動

第七十五　左手ヲ離シテ銃ヲ負革ト共ニ握リ爪ヲ後ロニス

立銃ニ復サシムルニハ教官左ノ號令ヲ下ス

立て

銃

第一動

第七十六　左手ヲ離シテ下帶ノ上部ヲ握リ掌ヲ前ニス

第二動

第七十七　左手ニテ銃ヲ右肩ニ對シテ起シ槊杖ヲ前ニシ右手ヲ放チ左手ニテ銃ヲ下ケ右手ヲ以テ左手ノ下ヲ握リ之ヲ腰骨ニ支ヘ左手ヲ列中ニ下ス

第三動

第七十八　銃踵ヲ地ニ下シ右臂ヲ全ク伸ス

第四教　執銃躰操

第七十九　此運動ヲ行フニ先タチ銃ヲ前ニ挑ラシム而シテ銃ヲ平ニ上タルトキハ爪ヲ下ニシ又高ク上タルトキハ之ヲ前ニスルヲ法トス

第一運動　臂ヲ平ニ動カス（第一教第一運動）

第二運動　臂ヲ平ラニ曲ケ動カス（第一教第四運動）

第三運運　前臂ヲ平ラニ動カス（第一敎第六運動）

第四運動　躰ヲ前後ニ曲ケ臂ヲ高ク動カス（第三敎第二運動）

第五運動　躰ヲ屈メ臂ヲ平ラニ動カス（第二敎第三運動）

第六運動　脛ヲ曲ケ臂ヲ平ラニ高ク動カス（第三敎第五運動）

明治廿五年八月二十五日印刷
仝　年仝月二十七日御届

東京市本郷區駒込追分町
三十一番地
編輯兼發行者　依田久太郎

仝區春木町三丁目一番地
印刷者　栗村寛亮

仝區駒込追分町三十一番地
發行所　東京体操傳習所

体育・スポーツ書集成
第Ⅳ回　明治期体操学校 体育・体操書
第一巻　東京体操伝習所の体育・体操書

2018年11月25日　発行

編　集　民和文庫研究会
発行者　椛　沢　英　二
発行所　株式会社 クレス出版
東京都中央区日本橋小伝馬町 14-5-704
☎ 03-3808-1821　FAX 03-3808-1822
印刷・製本　株式会社 栄　光
乱丁・落丁本はお取り替えいたします。
ISBN 978-4-86670-021-2　C3337　¥8500E